内田 良平
佐藤 鉄太郎
E・シュンペーター
市川 房枝
マッカーサー
田中 智学

石原莞爾の時代

時代精神の体現者たち

田中秀雄 著

芙蓉書房出版

はじめに

この本は石原莞爾をテーマにしたものであるが、いわゆる伝記や評伝といった形のものではない。誤解を怖れずにあえていうならば、石原莞爾を描かずに石原莞爾を描こうと努めたものである。

私が石原莞爾を知ったのは、近代史を研究しようと思った大学生時代である。石原研究はそれなりに続けてきたつもりだが、本にしたいという思いをもったのは四十歳を過ぎてからだった。しかしそれにしても、どういうふうに書くべきかは非常に思い悩んだ。なにしろ石原莞爾は生前から側近の人によって本になっているし、死後まもなくから伝記、回想記、研究書、小説といった形でたくさん本になっているからだ。

そういうものに屋上屋を架すようなことはしたくなかった。伝記的事実に関しては既に多くのことが知られているし、阿部博行氏の『石原莞爾　生涯とその時代』はその総決算というべき伝記である。これ以上のまとまったものはもうできないのではなかろうかと思う。

石原莞爾という人物はその無類な個性を以ってその周辺に強烈なビームを放ち続けてきた人である。それに対して完璧に魅惑される人もいたし、反対に強い反撥を感じた人もいる。強烈なビームを放っていたのならば、その反射光は当てられた人の顔から撥ねかえり、その撥ねかえり方は石原の相貌を自ずと照らし出すだろう。そういう方法から新しい石原像を浮かび上がらせることができるのではないかと思ったのである。いうなれば石原を太陽系の中心に位置する太陽のようなものと見立て、その光線を浴びる惑星に焦点を当ててみるという試みである。

本書はそうした影響を与えられた人、あるいは関連性を持った時代精神、その体現者たちを描くことによって、石原莞爾を描いてみようとしたものであり、『石原莞爾の時代―時代精神の体現者たち』とタイトルを冠したのはそのためである。

そうはいっても石原をテーマにする以上、石原本人のことを書かないわけにはいかない。しかし私の方法では彼はまるで脇役のように時たま出てきたりする。そのことに困惑される方がいるかもしれないが、あえて寛恕を請う次第である。私はあくまで石原を座標軸の中心に、あるいは磁場の中心にすえているつもりである。

平成十三年のことである。ある小さな集まりで石原莞爾について話をすることになった。どういう切り口で話そうかと考えたのだが、ふと内田良平との関連性について話せば、朝鮮問題も満洲問題もみえてきやすいかなと思って壇上に立った。そしてその時の録音テープを元に、「内田良平と石原莞爾」というタイトルで『立正』誌上に発表することになった。そのリライトをしていく過程で、ああ、これで石原莞爾が書けると自信がついたのである。第一章の「石原莞爾と内田良平」がそれであり、「石原莞爾と○○」という形で書き始めたのはそれ以降のことになる。なお本書と同時刊行されている『石原莞爾と小澤開作』だが、これは分量の関係で独立させた本書の姉妹編であり、どちらを先に読まれてもよいようにできている。

石原のことを書こうと思ってから、相当の年月が経ってしまった。多くの関係者に話を伺ったが、またその多くが鬼籍に入られた。高木清寿（国防研究会）、曺寧柱（民団団長）、田中香浦（国柱会会長）、小澤さくら（小澤開作夫人）、河野信（精華会）、佐藤慎一郎（満洲国民生部）、友枝英一（新民会）、塩田喬（新民会）、原田政盛（日本国体学会）、犬飼總一郎（第十六師団将校）、中村龍平（第十六師団将校）、鶴野公弌（東亜聯盟四国支部）、中村静（親族）、中條立一（酒田裁判同行者）、渕上勳（西山農場勤務）、遠山重顕（協和会）、安藤徳次郎（金石舎）……などの方々である。こうした方々に本書をお見せできなかったことを残念に思っている。

芙蓉書房出版の平澤公裕さんには今回もお世話になった。感謝この上ない。なお以前出した翻訳書『暗黒大陸中国の真実』は、私にとっては石原莞爾研究の余波として関心の対象に入ってきたものであり、先田賢紀智氏の協力によって先に出版の運びになったことを付記しておきたい。

毎日の生計《たつき》の仕事の合間に、史料を渉猟し、読み込み、書き込んでいく作業はやりがいもあったが、正直しんどい思いもした。陰ながら励まし力づけてくれた妻の知美にも感謝したい。

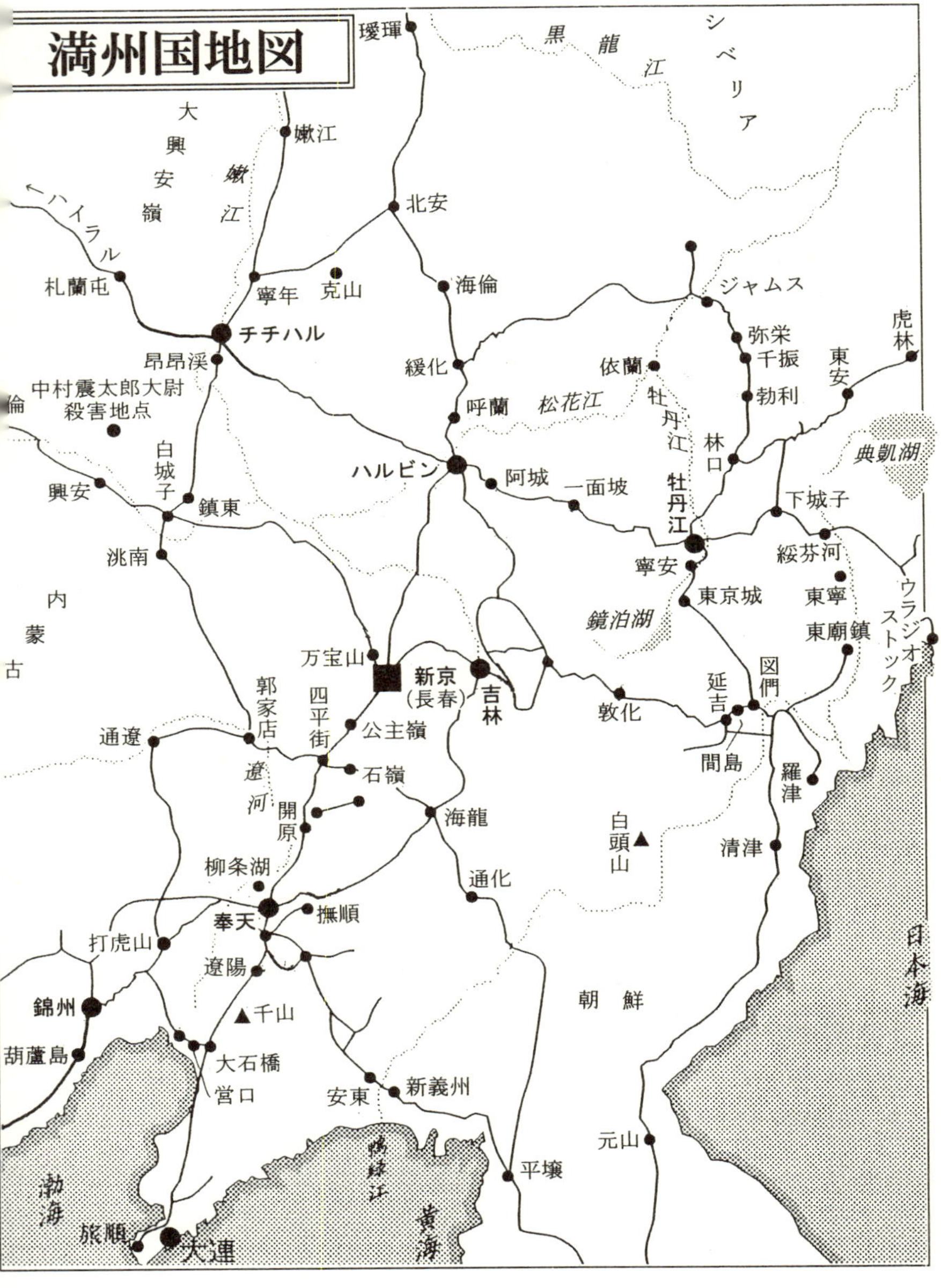
満州国地図
瑷琿
黒龍江
シベリア
大興安嶺
嫩江
嫩江
ハイラル
札蘭屯
寧年
克山
北安
海倫
チチハル
昂昂渓
中村震太郎大尉殺害地点
倫
白城子
興安
鎮東
洮南
内蒙古
ジャムス
弥栄
千振
勃利
依蘭
綏化
呼蘭
松花江
牡丹江
林口
虎林
東安
典凱湖
ハルビン
阿城
一面坡
牡丹江
下城子
寧安
綏芬河
東京城
東寧
鏡泊湖
東廟鎮
ウラジオストック
万宝山
新京（長春）
吉林
敦化
延吉
図們
間島
郭家店
四平街
公主嶺
通遼
遼河
石嶺
開原
海龍
白頭山
羅津
清津
柳条湖
通化
奉天
撫順
打虎山
遼陽
千山
錦州
朝鮮
日本海
葫蘆島
大石橋
営口
安東
新義州
鴨緑江
元山
平壌
渤海
黄海
旅順
大連

石原莞爾の時代——時代精神の体現者たち●目次

二　満蒙独立運動

第二章 石原莞爾とエリザベス・シュンペーター

『日満産業構造論』

第一章　石原莞爾と内田良平

大アジア主義者の理想と苦悩

非常に近い石原と内田

「石原莞爾と内田良平」というタイトルに、奇妙な感じを持つ人は少なくないかもしれない。二人の間にどういう関係があるのか？　どういう交流があったのか？　不思議に思う人は少なくないだろう。もちろん二人は直接会ったことはない。手紙のやり取りなどもない。しかし間接的には両者は非常に近い関わりを持っている。

内田良平は、明治後期に黒龍会という団体を組織し、日韓併合や日中関係に大きな影響と役割を持った人物である。玄洋社の頭山満と共に日本の最大の右翼として理解する人は多いだろう。そういう人物と石原莞爾を重ねて理解しようというこの試みに、不快感や違和感を抱く人がいるかもしれない。なにしろ、後に門下生となる影山正治さえもが、内田良平を知らなかった國學院学生時代には「古い暴力団の親玉」という先入観を持っていたほどである。

確かに黒龍会は日露戦争の講和条約に反対するために日比谷暴動を画策したり、多くの荒っぽい行動を起こしている。しかし一方では、例えば関東大震災が起きたときは、いち早く被災者のために食糧を搬送して炊き出しを行なったり、泊まる家もない人々のために簡易宿泊所を率先して作ったりするような、現代でいえばＮＰＯ法人のようなところもあったのだ。

端的に結論的なことをいうと、石原莞爾は内田良平のやったことを受け継ぎ、発展させた人であり、もう一つは内田がやれなかったことを実現した人物ということである。前者が朝鮮問題であり、後者が満蒙独立運動である。

この二つは今も歴史論争において激しく日本と韓国、中国がぶつかるところだが、私は内田と石原、両者の足跡をつなげて考えることは日本の近代を考える上で、非常に有用であると考えるようになっている。以下、そのことを「朝鮮問題」と「満蒙独立運動」と分けて論じていきたいと思う。

その前に二人がどのように近いかという証明になるユニークなエピソードをいくつか紹介しておこう。

内田良平の伝記の定本といえば、『国士・内田良平伝』（昭和四十二年）ということになろう。これは黒龍会の戦後の後継団体である黒龍倶楽部によって作られた浩瀚な本だが、その実質的な執筆者は片岡駿である。彼は、クーデター事件を起こして皇族内閣を作ろうとした神兵隊事件（昭和八年）の中心人物の一人だが、内田良平の作った大日本生産党員でもある。

片岡は満洲事変の頃、奉天にいて民間で活動していたのだが、事変後のある夜、奉天の日本料理屋に行くと、関東軍の偉い軍人たちが芸者を揚げて騒いでいる。それを知って血気盛んだった彼は殴りこんで鉄砲をぶちこんでやろうかと思ったという。そんな軍人がいる一方、石原中佐は関東軍司令部にベッドを持ち込んで寝起きしている。自分の命令が少しでも遅れれば、それは陛下の兵たちの命にも関わりかねないとの判断だったようで、そういう石原を彼は大変に尊敬していたのである。

戦後の昭和二十一年、石原は体調悪化のために、飯田橋の逓信病院に入院する。そのときの石原日記に、二度ばかり「片岡」という名前が出てくる。それはこの片岡駿ではないかと思われる。また片岡は石原の鶴岡の自宅に見舞いに行ったことを回想しており、二人の間には「なんで我々は裁判に引出されないのでしょうね」「小物しか捕まえる気はないのだろう」という会話がなされたという。

また石原が作った東亜聯盟の機関紙『東亜聯盟』の昭和十六年九月号には、「まつるぎ」という大東塾の影山正治の短歌十三首が掲載されている。副題に「和田勁氏に贈る」とあり、石原莞爾の側近である和田勁との親しい交流が伺えるものである。影山は神兵隊事件事件の首謀者であり、片岡駿とは関係が深い。共に『国士・内田良平伝』刊行の常任編纂委員となっている。

第一首は「一望に大海見ゆる伊豆小山白き雨霧海を過ぎゆく」となっているが、伊豆にあった和田の別荘での酒を酌み交わしながらの二人の楽しい語らいが髣髴とする十三首である。例えば、「海見ゆる青芝の庭の雨の音和み飲む酒君色に出づ」など。

しかしこの歌全体のテーマは、こういう歌に集約されている。

大君の勅としあらば剣もち機銃の前に立たむと君言ふ

まぬがれて恥なきやから国に充つ唐国人に優ると言ふや

唐国を正さむとするみいくさの最中にありて国正されず

こうした影山の義憤や哀しみこそ、和田との間に共有する〈東亜聯盟的〉感情であった。むろん彼は大日本生産党員である。つまり内田と石原——双方の門下生が深い交友を持っていたのだ。

内田が作った黒龍会から満洲建国後に刊行された『東亜先覚志士記傳』という全三巻の浩瀚な書物があるが、この書の列伝（当時既に物故者だった人）の部に、「石原寂堂（幹雄）」という人物が顕彰されている。彼は明治十五年に山形県鶴岡市に生れていて、つまり石原莞爾と同郷で同じ苗字なのだ。彼の祖先は代々庄内藩の家老職を務めた家柄ということである。上京して早稲田大学に学び、頭山満や内田良平と交流し、「満蒙問題の解決に心血を灌ぎ、熱血慷慨の士として同志に重んぜられた」と書かれ、病を得て昭和五年、四十九歳で亡くなっている。

この人の父親は「重魏」という。石原莞爾の祖先には、「重昌」「重政」「重供」「重道（祖父）」というように、「重」の字を付けた人が多いところを見ると、寂堂は石原と姻戚関係であったことが伺われる。

またこういう事実もある。石原莞爾を深く尊敬した小澤開作は満洲事変前に内地遊説に行き、東京では内田良平と何度も会っている。その内田によって昭和九年に明治神宮そばに建立された「日韓合邦記念塔」に功労者として名前を記された玄洋社員であり、黒龍会同人の友枝英三郎は『東亜先覚志士記傳』の列伝にも記載されている人物だが、その長男の友枝英一は、小澤が北京に繆斌とともに作った「新民会」の主要メンバーであり、小澤の片腕であった人物だ。

また石原莞爾の側近であった今田新太郎という軍人と義兄弟の盟を結んでいた柔道家の牛島辰熊は皇宮警察学校の柔道師範を務めた著名な柔道家である。昭和十九年には東條英機首相暗殺計画に関わり、未遂に終るが、牛島は牢獄に繋がれることになる。相談を受けていた石原は軍法会議にも召喚されている。

ところでこの牛島は故郷の熊本にいた少年時代、内田良平の友人である三角二郎という先輩からアジアに対する見方を学んでいるのだ。三角は日露戦争前に満洲のハルビンで写真屋を開業し、ロシアの貴重な情報を日本にもたらしたアジア先覚者の一人である。三角も内田も柔道の達人、内田は皇居の済寧舘道場での牛島の試合を見て、感激しているのである。（以下敬称略）

一　朝鮮問題

日韓併合まで

日本の幕末の主要外交対象が欧米列強であったことは事実だが、維新後の外交で最初の大きな外交問題を引き起こしたのは、隣国の李朝朝鮮であった。以下、日韓併合までのことを概略的に書いておこう。征韓論がその端緒となるが、ここで問題とされたのは朝鮮の開国であり、そこから派生する朝鮮の独立である。

そこを巡って朝鮮内部で金玉均を中心とする開化派と守旧派（事大派）との対立が始まる。開化派を支持した日本の民間の流れに頭山満の玄洋社が一方にあり、もう一方に福澤諭吉の慶應義塾がある。

明治十七年の朝鮮のクーデターが失敗して金玉均らが日本に亡命してきたとき、福澤は憤激のあまり有名な「脱亜論」を書くが、彼が「文明と野蛮の戦い」と呼んだ日清戦争中には、それよりも過激な「脅迫教育の主義に依る他なし」という言葉をさえ頑迷固陋な守旧派に対して使っている。金玉均の暗殺とその後の遺体をバラバラにして晒すという残酷な仕打ちを見れば、それは当然だった。これを単純にいわゆる「妄言」と解釈してはならない。これは彼の朝鮮に対する愛情なのだ。

日本政府に冷たくされた金玉均は小笠原島に失意の日々を送る。それを慰めに出かけたのは、玄洋社の来島恒喜である。彼が国辱的条約改正交渉に反対して、大隈重信外務卿に爆弾を投げつけ、その場で自決したのは明治二十二年十月十八日である。来島が最後に会った玄洋社員は友枝英三郎である。そしてこの事件はまだ故郷福岡にいた内田良平少年に大きな衝撃を与えた事件だった。ちなみにこの年一月に、石原莞爾が山形県鶴岡市に生まれている。

明治二十七、八年の日清戦争も、その十年後の日露戦争も問題となったのは朝鮮問題であった。日本は常に韓国の自立＝独立を願い、清国やロシアの干渉を排して欲しかったのである。だから開化派を玄洋社も福澤も応援していたのだ。それがならなかったために戦争になったのである。これらの戦争に勝たなければ、既に開国している日本は非常な危機に陥る。朝鮮半島が日本の生命線であったのは事実である。もちろん勝てばそこに必然的に大陸への足がかりを作ることになる。しかしこれは侵略とか、そうした意味合いのものとは全く別の地政学的常識に属する。

日清戦争の原因に「東学党の乱」がある。実はこれは「乱」というより、「蜂起」というべきもので、李朝朝鮮の悪政に疲弊した農民たちの絶望した思いをくんだ全琫準が決起して起きた朝鮮近代化運動である。この蜂起に共鳴して立ったのが若き内田良平をその中に含む日本人のグループ「天佑侠」である。『東亜先覚志士記傳』を始めとした黒龍会の書物には、この全琫準が人格的にも非常に立派な人物であったと書かれてある。

この蜂起は結局は失敗するのだが、最近は韓国でもこの東学党の再評価が行なわれている。再評価のきっかけは朴正熙大統領の時代からで、彼の父親が東学党の蜂起に参加していたということもあるようだ。しかしこの全琫準と内田良平が肝胆相照らす仲であったことなどは触れられていないようである。何しろ片一方は韓国としては否定さるべき日韓併合の中心人物なのだ。

問題はこのエピソードにも象徴的な、韓国の近代化と独立をこれほど念じた内田がなぜ日露戦争後になって日韓併合（合邦）へと突き進んだかである。そこには韓国への絶望がある。二度の戦争を通じ、日本がおびただしい血を流した原因が韓国にあるという冷徹な判断によるものだったのだ。今の韓国は徒らに併合の非を難ずるのでなく、冷静に当時の自己の置かれた国際的環境を見つめるべきであろう。

明治天皇の併合の詔書に、「朕東洋ノ平和ヲ永遠ニ維持シ帝国ノ安全ヲ将来ニ保障スルノ必要ナルヲ念ヒ」とあるように、韓国併合は日本の安全保障の必要という冷徹な側面を持っている。また併合は「時勢ノ要求ニ応スルノ已ムヲ得サル」と詔書は続く。これ以外に「東洋ノ平和」を維持する方法はなかったのだ。

当時の李朝朝鮮の一番の問題点はどこにあったのだろうか。それは疲弊した国力、それゆえの自立性のなさ、事大主義の問題である。

日清戦争の前後、その最中と五度に亘って朝鮮各地を旅行したイザベラ・バードという著名なイギリス人旅行家がいる。彼女はその体験を一九〇〇年に『朝鮮紀行』としてロンドンで出版する。つぶさに各地を見て歩き、官吏の腐敗、民衆の疲弊情況をリポートしている。勤勉な努力家で金をためている者がいれば、無理やり罪をでっち上げて牢獄に放り込む、そして保釈金をたんまりせしめるといった役人の悪辣な所業などが描かれている。

そうした情況を踏まえ、朝鮮内に駐屯する日本兵の規律のよさ、ロシア領内で暮らす朝鮮農民の余裕ある生活などを勘案して、「朝鮮はロシアか日本の保護下に入った方が国民の幸せのためだ」とまでいう。これは日本人ではなく、第三者であるイギリス人の、しかも世界各地を見聞している視野の広い旅行家の意見である。聞くべきものがあろう。

官吏の腐敗はあの安重根の自伝『安応七歴史』にも出てくる。彼はもちろんそれを憤る正義感の強い若者であったことは事実だ。

そうした自国の亡国的情況を冷静に見つめていた思想家もいた。例えば安昌浩という人物である。彼は我が国に人物がいなかったから、併合という憂き目に遭ったのだとはっきり指摘していた。

伊藤博文は併合には反対だったし、安昌浩という優れた人物がいることを知り、朝鮮の発展のため、日本に協力してくれるよう頼んだこともあった。しかし彼はそれを断り、海外で独立運動に携わる道を選ぶのである。そうした安のような人物でさえ、自国に人材がいなかったことを認めていることは大きな意味があるといえよう。

日韓併合

日韓併合がなされたのは明治四十三年の八月だが、東学党＝天道教の流れをくむ一進会などの熱烈な希望があっての併合であった。一進会は日露戦争のときに手弁当で日本軍の背後にあって協力した団体である。日本側の併合の立役者は内田良平である。フィクサーとして大活躍をした。会員百万を擁する一進会との協調によって歴史的な国の合体がなされたのである。

李容九とともに一進会の中心人物であり、内田の盟友であった宋秉畯《そうへいしゅん》は李完用とともに明治天皇に拝謁したとき、その威厳と慈愛に感動する以外なかったといったという。一進会百万人の請願は、天皇の赤子たることの請願であった。

併合当時の日本人の朝鮮に関する考え方はどうだったのだろうか。原敬は当時野にあったが、日記にこう書いている。

「余は朝鮮は之を普通の植民地化せず遂に日本に同化せしむべし。又朝鮮は同化し得べき人民なり。故に台湾に於ける支那人などを遇する如き方針は甚だ不可なり、従つて教育も朝鮮人に対しては別種のものを施さんとする者ある由なるを是大なる謬見なり、日本人と毫も異らざる教育を施すべし、只だ日本人と異なる所は日本語を十分に教ゆる事の必要あるのみ、斯くせば将来府県会の類も望み、又国会議員を出す事も望むならんが毫も差支なし、恰も内地に於ける琉球又は北海道の如きものとして妨げなきなり」（明治四十四年四月二十四日）

当時の代表的な実力政治家である原敬は、このように朝鮮に対して「同化政策」を取るという主張だった。それは当時の日本においてもっともな意見だったといえよう。実際にそれが政府の統治方針として採用され、朝鮮人は〈天皇の赤子〉として遇されることになる。

実は石原莞爾はこの併合の折り、韓国に駐屯する新品の青年将校だった（明治四十三年四月〜明治四十五年三月）。既に韓国には軍隊は存在せず、併合への不満から暴動に発展する治安の意味もあったようだが、屈辱という精神面はまた別として、一部に暴動があってもそれはさほどのものではなかった。

　昭和の時代になると、石原は朝鮮人たちとの交流が多くなるが、それまでの人生で彼が一番長く朝鮮と触れ合ったのはこの時期以外にない。若くそして時間もあったのだから、この時期の体験は彼の韓国認識に大きな影響を与えたはずだが、その内容がどういうものであったかは資料として余り伝わっていない。

石原莞爾が書いた葉書
（鶴岡市郷土資料館蔵）

　一つ、彼の鋭い知性を感じさせる葉書が残っている。士官学校時代の親友であった南部襄吉に朝鮮から出したもので戯画になっている。日本軍人が川に釣竿を垂れ、その餌が「徳政」という名前である。餌を取ろうとしているのは「暴徒」という名の魚で、「良民」という名の魚がそばで見ているという構図になっている。細筆によるなかなか達者な絵で、総督施政がうまくいっているとも見えるし、「良民」が餌に喰らいつかないのは、冷静に総督施政を観察しているのかなとも思える意味深なものだ。

　石原の属した国柱会が戦前の朝鮮で作った団体に、緑旗聯盟というのがある。その中心人物だった森田芳夫と石原との交流は昭和十年代に始まるようだが、一度こういうことをいわれたという。「日本と違って朝鮮には封建時代がなかったことがその社会的習性に大きな影響を与えている」と。森田はこの指摘に大きな示唆を与えられた。鋭い観察眼であろう。近代国家に発展していくための必然的過程が封建社会の存在であるといわれている。それがなかった朝鮮は停滞から免れなかった。

私はこの石原の観察は韓国守備隊時代の見聞が基になっていると思う。なお森田が戦後書いた『朝鮮終戦の記録』という大著があり、朝鮮近代史研究には必読文献となっているが、これを書いた動機も石原との交流から生まれてきたようである。つまり石原の朝鮮政策批判に対する回答として、森田はこの記録を公にしたのだということである。

併合後の問題

日韓併合は内田良平や一進会の熱心な、しかし言語を絶する苦闘の末に成し遂げられたものだった。その詳細な過程は黒龍会編纂の『日韓合邦秘史』全二巻に譲ることにするが、しかしその併合の結果、招来してきたものは決して彼らの期待に沿うものではなかった。

一進会の指導者であった李容九は樽井藤吉の『大東合邦論』（明治二十六年）を読んで大いに悟るところがあったようで、日本、朝鮮、満洲、支那をまとめた「亜細亜聯邦」というようなものを構想していた人物である。黒龍会という名前は、黒龍江に根拠地を作ろうという壮大な構想の下にできている。この意味で内田と李容九が出会ったとたんに、肝胆相照らしたというのも納得できるのである。この「亜細亜聯邦」というのは、後の石原の「東亜聯盟」とほぼ同じ考えである。

一進会は日韓併合後、百万の会員を連れて率先満洲開拓にあたるつもりだった。日満人の間に立って民族融合の先駆けになろうとしていたわけである。しかしその費用として日本政府から支給されたのは「授産金」名目の二十六万円だった。あまつさえ一進会は解散させられた。解散費として十五万円が支給された。合計すれば四十一万円である。百万人で割っても、何もできない。

李容九の失意の思いは深く、彼は肺病を患う。兵庫県の舞子の病床に見舞った内田との会話は悲痛である。

「我々は馬鹿でしたね、騙されました」

日韓併合は彼らには、裏切られた思いだった。併合二年後に李容九は世を去る。会長の死がきっかけになったのだろうか、旧一進会のメンバーは急速に日本への期待感を薄らげていく。これは内田にはかなりこたえるものとなった。

なおここでいっておかなければならないことがある。原敬日記（大正九年八月十一日）に、併合当時に内田らに支給した金は四十数万円だった、それを彼らは着服し、少しばかりを一進会にやったのだと当時首相の原は書いている。これは内田が書いている授産金と解散費の合計にほぼ相当する。併合時は桂太郎内閣で、原はその前後の西園寺内閣の内務大臣をやっていた。相当な事情通であったとは思う。政府の機密費が内田らに渡ったのだと思われるが、それを知る者が例えば浪人の内田らに不快感を持つものであれば、その正確な事情を原に話すだろうか。

一介の浪人風情である内田が韓国併合交渉に大きな力を振るっていることは、それを傍観している政府当局者にかなりの嫉妬心や反撥を抱かせていたらしいことは、韓国憲兵司令官の明石元二郎が内田に好意的忠告を与えていることでも知られる。私には内田が着服したとはとても思えない。明石経由で一進会に渡ったのである。

また原のこの記述は、宋秉畯を呼んで語ったことである。内田にとってこうした誤解は耐えられないものであったはずで、その後日韓併合時の正確な事情などを文書にし、昭和五年には『日韓合邦秘史』を出版するのもそういった世間の誤解を除く意味もあったのだろう。

なお京城には内田の家と明石の家、それから友枝英三郎（通信社経営）の家が三軒並んでいたと息子の友枝英一は証言する。三人とも福岡県人である。

内田の朝鮮統治改革案

大正三年四月、内田は「朝鮮統治制度案」という意見書を大隈首相や寺内朝鮮総督に提出するが、彼の朝鮮統治へのかなりの危機感が反映されている。

ここで彼は、国際情勢の大勢としてその経済競争は避けられない、勝利を得るためにはその一つとして「植民」というものが日本に絶対必要である。そしてその運用よろしきを得なければならないとして、植民地としての朝鮮の統治制度についての意見を述べるのである。

具体的には、今の武断的統治の仕方はいつまでも続けられるものではない、朝鮮が支那に朝貢していたのは事実だが、内政は自主性に任せていた。彼らの「政治的欲望は第二の民性」となっている。その不満が高じれば「内乱陰謀を攪発《かくはつ》するの虞あり」といい、台湾樺太と同一に論ぜられるものではないという。「併合詔書の精神に基づき、同化政策を以て朝鮮人民を指導し」「天皇陛下一視同仁の恩澤に浴せしめる」ために、「相当の制限を設けて参政自治の権利を朝鮮人民に分与せざる可からず」。それも十年後を期して実施するという案である。もちろん近日中に政府より宣言しておく。大正天皇の即位式典に絡めて大詔を出すというのがよい。その他に官制の改革をして、日本人朝鮮人の区別なく俸給待遇に差別をつけない、地方議会の組織、徴兵令を敷いて士官学校への入学を認める、京城に大学を設置するなどがある。現在から見ても驚くほど進歩的なものである。

こうした彼の意見は当時、民主主義、社会主義、アナーキズムなどの思想が世界に蔓延し始め、それらが朝鮮人の間に広まり、総督政治への不満として結集してしまうということへの大きな不安と危惧の所産だった。そのためにこちらから先手を打っておくという冷徹な戦略でもあったのだが、しかし政府の方針は無策のままに経過したのである。

「武断的統治」とは具体的にどういうことか、内田は書いていない。寺内統治を悪いとは思わない青柳綱太郎の考えを聞いてみよう。明治十年生まれの彼は日本の学校を出てから明治三十四年に朝鮮に渡って新聞記者をし、明治四十二年には李王家の財政部顧問、宮内府嘱託などに就任した。併合後朝鮮研究会を主宰して朝鮮の歴史を研究しながら、『京城新聞』を創刊して、政論なども積極的に展開していた人物である。

青柳は朝鮮の歴史は五百年前の高麗でその頂点に達し、以降は衰退するのみであったと理解している。二十世紀の競争的文明社会において誇り得るものはなにもない。日本との併合以降になって初めてこの近代文明の要素——教育、衛生、交通や通信などを享受できるようになったのだ。四民平等という大変革、民権伸長、産業の自由なども総督政治下で可能となった。青柳はこれを自分で観察しながら見ており、「一種の威力」と「大鉞《おおまさかり》を揮《ふる》ひ諸般の改革整理」したことは必要やむを得ざるものだったと書く（『朝鮮独立騒擾史論』）。日本人の朝鮮移住も朝鮮人の発展向上に刺激になってよいものだというのが青柳の考え方だが、寺内はそれをさせない方針だと批判するほどである。つまり寺内は、日本の大資本による土地の兼併が朝鮮人小農の生活を圧迫するというので、これを制限していたのである。慈父のような政策を遂行する総督でもあるのだ。

青柳が出版した『新朝鮮成業銘鑑』（大正六年）という本がある。日本統治下に入った朝鮮で起業し大きな成果を挙げつつある人物を写真と共に紹介したものである。もちろん日本人も出ているが、朝鮮人の医者、弁護士、鉱業家、大農場主などが多数紹介されている。青柳は移民してくる日本人に負けない朝鮮人たちを推奨しているのである。

ただ「武断的統治」をいつまでも続けていいものではない。六年目からの長谷川総督に代わってからも同じことでは、朝鮮人は「年と共に、旧朝鮮に恋愛執着し、窮屈なる総督政治の文明主義を喜ばず」（『朝鮮独立騒擾史論』）なくなってきたというのが彼の観察であり、そういう意見書を新総督に提出していたのである。

つまり内田のいう「政治的欲望は第二の民性」が「窮屈なる総督政治」の陰から頭をもたげてきたのである。

三・一独立運動

こうした内田の危惧が的中してしまったのが、大正八年（一九一九）の「万歳騒擾事件」である。内田の建白からわずか五年後である。朝鮮人たちの総督施政への不満と独立への欲求が朝鮮半島を大いに揺るがし、多数の死傷者が出てしまったのだ。

そのきっかけはやはりアメリカのウィルソン大統領の「民族自決」発言が大きいのではないかと思

う。それが朝鮮人の政治への不満に火をつけた。むろん青柳のいうように、ウィルソンは朝鮮民族のことは念頭にはまったくなかったし、朝鮮が独立国家を打ち立てる能力はないから併合されたのだが、不満は不満なのだ。しかし日本政府は内田の先手を打つということの意味が判らなかったのだ。現実問題として、鎮圧のために死者が出たということは明らかな施政の失敗である。

むろん内田はこの事件に心を痛め、早速彼は宋秉畯と共に朝鮮に渡る。

その後、内田は「旧一進会交渉顛末書」に、またこの当時首相だった原敬は日記に、内田が旧一進会の者（尹定植）から腹を切れといわれたことを記している。内田によれば、併合後失望した一進会員たちは次々と離反し、百万から三分の一に減ってしまい、そして彼らは李容九と対立していた孫秉熙ら反日派の下に結集していく。孫は一進会と同じ天道教の流れをくむ別の団体を形成していた。そしてこの独立運動事件の首謀者となっていた。

渡韓した内田は旧一進会の者たちを何とかなだめる。独立してどうなる、世界の大勢を見ていれば、西力東漸の勢いに対応できるのか。というように。これは一応成功する。

総督府においても、この事件の結果、朝鮮人の不満を解消するための施策が採られていく。総督は斎藤実に替わり、いわゆる「武断統治」が「文化統治」に変わっていく。また「京城大学」を作るなど、内田の予言どおりになっていくのである。

また内田の「朝鮮統治制度案」にある「一視同仁」という言葉は、併合当時からの日本の国策理念であったわけだが、それは明治天皇の「併合詔書」には出ていない。これが「三・一独立運動」の結果として出された大正天皇の「朝鮮総督府官制改革の詔書」（大正八年）にはきちんとこの「一視同仁」が出ている。これもまた内田の先見性というべきものだろう。

先の原敬日記には、この騒擾事件に関して、宋秉畯や朝鮮にいるアメリカ人宣教師との会見記などが出ているが、原の意見を要約するならば、朝鮮人多数の要求は独立にはなく、内地人と対等の待遇であり、だから教育、産業、官吏、地方制度なども漸次内地同様にする、帝国議会にも代表を出すということ、彼は「内地延長主義」を取るといっている。しかし市町村制の自治などは判るが、内政の自治などは認めない。これはほぼ内田と同じ考えだと思えるが、前述したように、一進会に渡した金額のことにも触れて、彼ら親日派に新たに授産金を出すということには断固反対する。

彼は内田らが「朝鮮聯邦など途方もなき案を持ち出し」「千四五百万円も一進会に与ふべし」と要求し、「自分は断固反対」だと書いている。この「朝鮮聯邦」は先述した「亜細亜聯邦」に繋がるものであり、内田の盟友である末永節がこの頃構想していた「大高麗国」とも関係する。これに関しては「二　満蒙独立運動」に詳しく述べるが、朝鮮人が歴史的に因縁の深い満洲に朝鮮人中心の国を作って、その安楽地を形成しようという事業構想だった。むろん大変な金がかかる。

原敬は大政治家である。しかし朝鮮を真に安定させるためには内田らの構想が必要だとは思わなかった。彼にはアジア主義の考えはなかったのである。

関東大震災と朝鮮人虐殺問題

大正十二年九月一日の関東大震災は、大変な被害をもたらしたが、内田良平の指示の下、黒龍会の対応は即座で目覚ましいものである。その日のうちに世田谷にある内田農園を通じて一晩のうちに三千貫（約十一トン）のジャガイモを買い集め、東京市内の各所において煮てそれを配給する。その他の握り飯などの食料の迅速な調達、配給に努める。また家を失った者、職を失った人々のために赤坂に「自由宿泊所」「自由食堂」を開設する。宿泊する者、日々四百人以上、食事をする者、千人以上という活況を呈するが、むろん営利目的ではない。こうした黒龍会の社会事業はもっと注目されなければならない。

このような一方で、朝鮮人たちが暴動を企てている、火を付けた、井戸に毒を入れたという噂が市内を駆け巡り、そのために多数の朝鮮人たちが虐殺されたといわれている。こうした噂は日本人の自警団を殺気立たせて、多くの朝鮮人たちが殺されたというわけである。朝鮮人と間違われた著名人に民俗学者の折口信夫がいる。沖縄調査旅行から帰宅途中、芝の増上寺前で間違われた彼は危ない目に遭ったという。

こうした形で迫害された朝鮮人がかなりいたというのは事実のようだ。しかしそれが組織立ったものので、「命令」となって各所に伝わった、そして六千人が虐殺されたというのは正確ではない。六千人という根拠は、「三・一独立運動」後に上海で作られた臨時政府が出していた新聞によるもので、反日的立場と宣伝から故意に事実を歪められている可能性が高い。そして組織だったものでないことは、各地に立場の弱かった朝鮮人たちを暖かく保護した日本人たちがいたことが名前と共に判っている。軍もまた実際はそうである。横須賀の戒厳司令官が「噂のほとんどは根拠がない、朝鮮人を虐待するな」と公示もしている。

問題は市内に割拠する社会主義者の朝鮮人や日本人である。反逆的思想を抱く朝鮮人を当時「不逞鮮人」と呼んでいた。例えば上海に根拠を置く義烈団というテロ集団が朝鮮内に爆弾を運び込み、何度も爆弾事件を起こしたことが知られている。大正十二年の初めには、金相玉事件というかなり大きい事件を京城で起こした。同時に義烈団では、「朝鮮革命宣言書」を出し、対日宣戦布告ともいうべきものを公然と発する。天皇ももちろん打倒の対象である。

義烈団の内地での活動者の代表が朴烈だった。爆弾テロを認める過激なアナーキストである。東京に爆弾を持ち込み、天皇あるいは摂政である皇太子に投げつけようという計画を持っていた。そうした計画を持った朝鮮人が徘徊していたのが震災前の不穏な東京というところだった。この計画は震災後、難波大助というアナーキストによって実行された。

こうした動向に冷静に目を光らせていたのが内田良平である。彼は震災後すぐの九月中に政府に提出した意見書の中で、「彼の社会主義者及び不逞鮮人の徒が震災の機会に乗じて、或は爆弾を投じ、或は毒薬を飲料水に入れ、或は放火を敢てし、或は暴行を無辜の邦人に加へ、或は掠奪を縦《ほしいまま》にしたことは掩《おお》ふ可からざる事実である」といい、その具体的な例を多数挙げて報告している。自警団というのは、そのための自衛手段としてできたものである、また自警団や警察、軍の一部が不逞鮮人を虐殺したのは間違いない事実だが、それは自衛のためになされたことで、それを堂々と国際社会に訴えなければならない、そうすれば上海臨時政府のような悪意の宣伝に乗ぜられずに国際社会は諒解してくれるのであると。

内田の意見は当時の欧米の大使たちが朝鮮人への迫害に目を顰めているという事実に基いた意見である。朝鮮人への暴行を遺憾と認めて済ませるだけの湯浅警視総監と比べ、その剛直さは際立っている。彼は甘粕憲兵隊長の大杉栄殺害も非常事態最中のことで、当然のことと認めている。

彼がいうのは、これらは「事件」ではなく、「国防問題」であるということだ。救済事業と共に、内田らしい危機管理能力の面目躍如たるものを理解すべきだろう。なおかつ彼の国際社会に堂々と訴えるという意見は、現在いわれるアカウンタビリティ（説明責任）のことである。現在の慰安婦問題でも同じことがいえる。

なお、震災さなかに警察に拘留された朴烈は大逆罪で裁判にかけられ、日本の敗戦まで二十二年の長きに亘って服役する。昭和二十年十月二十七日に出所するが、後述するようにその後は石原莞爾と交流している。

齋藤総督の文化統治

齋藤総督は任官早々、京城で爆弾の洗礼を受けるという前途不安な出発をするが、徐々にその施政が功を奏してくる。新聞の発行を認めたり、大学を作る、地方自治の推進など、朝鮮内の不満を解消するための対策を次々に実行していく。もちろん農業だけでなく、産業開発も進める。大正八年から昭和四年までに人口は約三百万人ほど増えて、二千万人になる。

これもまた内田らの献策が有効であったことはいうまでもない。内田は親日派の人々を糾合して「同光会」を作り、内鮮融和を目的とした団体を作る。なお大正八年の独立運動の指導者たちだが、昭和の時代になるとその多くが親日派に転向していく。それらの多くは後に述べるように、石原莞爾やその盟友、里見岸雄博士らと交流するようになる。

「三・一独立運動」の結果として、一方では高麗共産党（一九二〇年創立、三年後解党）、朝鮮共産党（一九二五年創立）など、朝鮮独立を目的とした社会主義団体が生まれ、労働争議、農民運動、言論の世界に入り込んでくる。朝鮮内では、『東亜日報』、『朝鮮日報』などの新聞が創刊される。今読むとよくもまあこれほどの激しい総督府批判ができたものだなと驚くほどだ。一種のガス抜きでもあったのだろう。また上海にはあの「大韓民国臨時政府」が成立する。これらの反日的組織の活動が猖獗を極めたのが一九二〇年代である。これも内田の危惧どおりの結果となった。

これらに対して総督府は文化統治とはいえ、厳しく取り締まる。拷問も確かにあり、死んだ人もいるようだ。しかし相手はコミンテルンの世界革命の方針に則して行動しているのだから向こうも覚悟の上、生ぬるいことはできない。またやっかいなことに真面目な青年が持っている素朴で純粋な正義感に総督府、あるいは独占資本、帝国主義の邪悪、不正を吹き込む、訴えるという洗脳がなされるわけである。

これは日本人の場合だが、石原莞爾の側近に渕上辰雄という人がいる。石原の高弟である曺寧柱（一九〇八年生）の親友だった。彼の兄は熱烈な共産主義者青年で、筑豊の炭鉱労働者を組織してデモ、ストライキを指導し、三回投獄され、四度目は警察の拷問で獄死している。弟の辰雄は同じことにならないよう、親によって満鉄に入れられ、支那事変で宣撫班員として活動しているうちに石原莞爾の東亜聯盟思想を知り、帰国してきた青年だった。

そのような時代だった。マルクス主義が猛威を振るい、思想に悩む当時の若者たちに光明を見出させたのが、石原莞爾の東亜聯盟論だったり、里見岸雄の日本国体論だったわけである。

例えば昭和四年に朝鮮の光州で有名な「光州学生事件」が起こる。日本人学生と朝鮮人学生の些細なトラブルが大きくなってしまった事件だが、これには共産主義者の謀略もあったが、その一人である姜永錫（一九〇六年生）という若者はその後転向し、里見博士の門下生となる。曺寧柱もそうした共産主義思想を持って内地の大学にやってきた若者だった。昭和十三年、石原莞爾と出会うことで彼は東亜の民族団結の思想に目覚めるわけである。

また金龍済（一九〇九年生）というマルクス主義詩人がいた。昭和の初期に東京にやってきて、働きながら大学に学び、左翼思想に引かれていった人物である。有名なマルクス主義文学者の中野重治と友人で、彼の妹と同棲したりしている。彼も投獄後は転向し、朝鮮に戻って親日的文学者となる。彼は「東洋の光」という雑誌社に勤めるが、これを創刊（昭和十四年一月）した人物は、朴煕道という、「三・一独立運動」の指導者の一人である。ここの編集部には森田芳夫（緑旗聯盟）もいた。その関係からか、朴煕道と里見岸雄は昭和十三年六月に懇談している。その場には姜永錫が同席していた。

金龍済は石原将軍の日記にも登場し、朝鮮軍司令官時代の板垣征四郎とも会見している。

話が先に進みすぎたので戻す。

明治の元勲だった副島種臣の息子に道正という人がいる。彼は原敬と家族付き合いをしていたほどの仲の好さで、騒擾事件後、齋藤総督の要請で『京城日報』の社長に就任した。彼が在任中の大正十四年に「朝鮮の自治」ということで発表したものがある。これは後で話す石原莞爾の朝鮮自治論とかなり関係が深いものと思われるので、紹介しておこう。

副島は当時の普選が実施されようとする時代を念頭に入れて、原敬の「内地延長論」を否定している。この論の延長に朝鮮人に参政権を与えることは極めて危険である、二千万の朝鮮人から約百名の代議士が国会に登場することになる。その百名が民族的政党を形成することは疑いもなく、その思想が無産政党的になる確率はかなり高い。

そもそも日本人と朝鮮人はその歴史、文化を異にしているのであって、安易に同化主義を取られるものではない。その固有のものは決して無視できない。朝鮮の遅れた民度を高くすることは大事だが、それは固有の歴史、文化を日本化することではない。

ここに彼は「朝鮮自治」を提唱するのだ。それはもちろん独立ではない、「自治という最高の政治形式は、民衆の政治的はた経済的発達の結果到達すべきもの」であって、それまでには朝鮮は成長していない。彼らの多くが「着実なる思想、穏健なる常識、冷静なる自制心」を持つようになる、近代的教育を受けた後、約三十年後を目標とすると。

そして彼はここで面白い議論を展開している。日米戦争を期待して朝鮮独立を勝ち取ろうとする者たちがいると。それは「恥ずべき道徳的欠陥そのもの」であると。日米戦争は世界革命を惹起するのだと。

日米戦争は結果として実現し、世界革命的に各地に社会主義国家が誕生し、おかげで朝鮮は独立したが、分断国家となった。独立希望者の念願どおりにはいかなかったのだ。

満洲事変以降

満洲事変のことは後述するが、事変に対してアメリカが態度を硬化したのを奇貨としたのか、朝鮮独立派の日本に対するテロ活動が続発する。

おそらく金九という過激独立運動家の指示で行なわれたものと思われるが、昭和七年一月八日に、桜田門外で李奉昌による昭和天皇に対する爆弾テロが起きる。これは幸運にも失敗に帰す。当時里見岸雄もさすがに驚き、「もう、朝鮮は独立させたほうがいい」とさえ考えたと回想している。

次に起きたのが四月二十九日、天長節を祝う上海虹口公園での会場での、尹奉吉による爆弾テロである。白川陸軍大将が死亡し、重光公使が片足を失うという大事件となった。内田良平にとってこの二つは沈痛な事件であった。彼は事変当時から結核をわずらうようになっていた。

昭和九年、明治神宮そばに「日韓合邦記念塔」を建てる。世間の人に忘れられそうになっている合邦の経緯を長く残そうという意図の下にできた。その式典において述べた文章「記念塔建設に就て」において、痛切な言葉を残している。「鮮人の心中に燃えて居る不平は時々忌はしき現象となつて爆発しつつあるではありませんか。桜田門外での寒心事件、上海の爆弾事件、満洲に於ける不逞鮮人の行動、之れ等の事実に徴し、其の人心も窺るるではありませんか」と。

彼には「一視同仁」の理想が朝鮮人たちに理解されないのが苦痛だったのだ。天皇の赤子であるからには、彼らは日本の統治を心から喜ばなければならないのだ。

昭和十年二月、内田は「朝鮮施政改革への意見書」を宇垣総督に提出し、「内地延長制」から明確に「自治制」への移行を要求する。差別撤廃問題を解決するため、また日本の大陸政策上不利であるからという理由だ。

また『日韓合邦秘史』では、「日韓併合」という言葉はよくない、「日韓合邦」なのだといっている。明治天皇の詔書に「併合」という言葉は使われており、それを否定したいのかとさえ思われる。これは重大なことである。

昭和十一年五月に、『朝鮮統治の回顧と批判』という併合二十五周年を記念した書物が出版される。朝鮮統治に関係した日本人九十名の回顧談が出ているが、その最初に出てくるのが内田良平である。

彼はここで沈痛な統治批判をしているが、その根本にあるのは日本人が朝鮮人の期待を裏切っているということだ。彼は政府当局者が「韓国が我が皇徳を慕ひ寄つて来た事実上の大切なる精神の所在を解」しなかった、「彼等の期待は、合邦の暁には朝鮮人の政治に対する自由の手腕を揮ふことが出来、その地位を平等の立場に置いて国際的にも日本国民として幸福を享けて行きたいといふ希求を現したものであつた」、この不満が独立運動に結果しているというわけである。

晩年彼は、枕頭に見舞いに来た同志杉山茂丸の遺児、夢野久作に「日韓合邦のやり直しをしたい」と打ち明ける。一進会を裏切ったという責任の痛感から内田はこうした言葉を残したのだろう。その後支那事変勃発の最中、昭和十二年七月二十六日死去する。

しかしながら話を少し戻せば、日本国内の共産主義者への過酷な弾圧もあり、警察の手入れも効果を上げ、前述したように転向も始まっていた。

満洲事変というのは実は石原の、国際共産主義運動の震源地であるソ連との連絡を絶つという朝鮮問題の解決策でもあった。満洲に間島（現在の延辺自治区）という地方があり、ここは朝鮮民族が多く、昭和初期は共産主義運動の激しい土地柄だった。事変後そこを平定することで、半島内の独立運動はみるみるうちに沈静化していくのである。

このことは反日的言論を載せていた『朝鮮日報』でも認めていて、次のようにいっている。朝鮮内の思想運動は「一九二八年を最高峰にして爾来漸次沈滞してきたところ、満洲事変による社会情勢の変化によって一層その度を加えて現在に至っては、ほとんど問題にされていないのは周知の事実である」（昭和十一年十二月十三日）。

また満洲事変の原因の一つとなった万宝山事件がある。満洲の長春北方の万宝山で朝鮮人農民が満洲官憲にひどい迫害を受けた事件だが、これに対して憤激した朝鮮人たちが半島内に居住する中国人を百名を超える規模で虐殺した。これは象徴的なものとなり、満洲事変はそうした満洲における同胞＝朝鮮人の権利を守ろうという頼もしい日本軍の活躍と見えていくのである。

こうした情況の中で、曺寧柱、姜永錫、金龍済らの共産主義者の転向、そして石原莞爾の東亜聯盟論、里見国体学への傾斜が始まっていくことになる。

満洲建国後、石原は満洲問題を討議する国際聯盟の随員としてジュネーブに出かける。そこで彼は朴錫胤という人物と知り合う。聯盟の討議に参加はできないが、満洲国の代表の一人としてここに来ていた。

彼は京城にあった『毎日申報』社の副社長だったが、満洲事変が起きると間島にやってきて、そこで間島の朝鮮人自治や権利を推し進める「民生団」の指導者となる。一八九八年に生まれ、東京帝国大学を卒業した日本による近代教育を受けた最初の世代である。しかし彼も在学中に「三・一独立運動」に加担し、上海臨時政府との接触もあったといわれる。ただ卒業後は新聞記者として出発し、徐々に親日的行動を取るようになり、昭和五年、『毎日申報』社の副社長として迎えられる。

石原と知り合ってからはその東亜聯盟の思想に共鳴し、満洲国において「最も高い地位に就いた朝鮮人の一人として活躍」（水野直樹）する。また満洲国協和会の中央委員にもなっている。

満洲事変後の社会情勢としては、朝鮮は「内鮮融和」から「内鮮一体」への変化となって現れてくる。そうして「神社参拝」「創氏改名」といったことも実際の政治日程に入ってきた。それには総督府の意向もあったが、時代の変化も確かにあった。親日派が多くなってきたのは事実であり、創氏改名は任意であったが、日本人と同じになりたいと希望する朝鮮人も多くなってきていたのだ。

東亜聯盟と独立問題

しかしそうした中でも、まだ東亜聯盟の思想によって独立を遂げたいという朝鮮人たちがいた。東亜聯盟の考えでは、聯盟の諸国家の関係は国防と経済の一体化、政治は独立となっており、この「政治の独立」という理念によって、朝鮮も聯盟内の一員として独立を達成したいとの意向を表明する人々もいたのだ。

例えば金昌南という人物がいる。彼は朝鮮を「朝鮮協和国」となして、聯盟の一員となりたいと石原に手紙を書いている。それに対して石原は書簡（後掲）に明確に書いているように、独立は認めていない。独立することは結局ソ連の手助けによるほかはない、自分の考える「高度の自治」という形で進んでいったほうがよいと説得し、金昌南は諒解した旨の返事を出している。

このことは大事なことであり、石原が共産ソ連の南下する可能性を冷静に認識していたことの現われである。独立した朝鮮が北から南下するソ連の勢いを止める力があるのか、彼は疑問を持っていた。しかし日本の統治に不快感があるのなら、「高度の自治」は認めよう。そのためには満洲国の安定が絶対必要、そういうことだった。しかしソ連の手助けによる独立は実際に実現した。

曺寧柱の立命館大学の後輩である文鶴東（一九二二年生）という人がいる。京都の平安中学から立命館大学に入った人である。彼は石原を尊敬する京都の柔道家、福島清三郎宅に下宿していたのだが、昭和十四年、そこで初めて石原と出会っている。その福島の「義方会」道場で、石原は半島出身の学生たちを前に演説をした。そのときにかなり際どい話もしたようで、朝鮮総督は朝鮮人にするとか話したらしい。これは文の『海を越え、山を越え』という自伝に書かれている。朝鮮の自治に理解を示す石原に、学生たちはかなり魅力を感じたらしい。ついでながら、義方会道場の前には、憲兵の常設監視所があった。

もっとも石原がそういったとしても、それはかなり将来のことだろう。恐らく石原の考えは内田の「自治制」、副島道正の自治論とかなり近いものであったと思われる。先に金龍済が板垣朝鮮軍司令官と会ったと書いたが、それは彼によればこの朝鮮の自治問題についてであったようだ。これは彼が戦後大分経ってから、石原の高弟である白土菊枝に話したことなのだが、自治が実施されるその時期は、つまり満洲国が発展し、北からの脅威がなくなるときであろう。

しかし東亜聯盟の中の朝鮮人同志が聯盟を利用して独立を企てているという憲兵、特高の持つ疑念は簡単には取り除かれなかった。石原は軍を退いた後、常に監視され、曺寧柱は昭和十七年から留置場生活を約二年半続けなければいけなかった。拷問も受けている。東亜聯盟によって朝鮮独立を考えたといえば、いい職業を紹介しようなどと甘いささやきもあったが、彼は拒絶した。彼は石原に私淑して日蓮信仰に入ろうとしていた。そういう彼には留置場は信仰への道場であったようだ。日蓮聖人の受けた迫害に比べればなんともない。そうした信仰心によって彼は牢獄生活を耐えることができたのである。渕上辰雄の妻の千津によれば、牢獄を出てきた曺寧柱の顔はなんともいえぬ清清しいものであったという。

その後の彼の消息を朝日新聞（昭和二十年四月七日）の「一半島同胞の信念」という社説が伝えている。曺寧柱は川崎のある軍需工場で労務管理をしていた。朝鮮人労働者が多く、「他の工場と比較して決して物的待遇が良好であるわけではない。むしろ悪いといつて差支ない状態である。それにもかゝはらず、一人の脱落者も出さないのみならず、他より法外なる闇賃金で勧誘せられても断じて統制を乱すことがない。甘んじてといふよりも、むしろ喜んで困苦に耐へ、増産に挺身してきた実情は率直にいつて刻下の世相における一つの不可思議とさへいへる」と朝日は絶賛し、これは曺寧柱氏の指導と信念によるものであると社説はいう。

「時代認識に徹し、この戦争の本質を正しく把握し、国体護持の信念に徹し」「彼等の標語は『東亜の大同』であり、『民族協和』であり、『東亜の保全』である」。「日華両国が心からなる真和平を実現し、王道に則つた東亜大同の第一歩を踏み出すことができるならば、支那事変ならびに大東亜戦争の大犠牲は、これを十分に償つてなほ余りあり、それこそ正しく世界史に新たなる一頁を開くものであるとの信念に徹してゐる」「米英が東亜に対する覇道主義を捨てざる限り、あらゆる方法によつて飽くまで戦ひ抜かねばならぬ。王道によつてのみ真の世界和平は実現するとの牢固たる決意をもつて、数百名の半島同胞の心を完全に把握してゐるのである」。

これが曺寧柱の当時の考えであり、石原莞爾はこのときの「もっと早く我々の活動を許してくれておれば……」という曺の言葉を伝えている。

石原の考える朝鮮の自治は日本の敗戦と共に実現はされなかったことになる。朝鮮は独立することになるが、ここで初めて石原は韓国の東亜聯盟加入が可能だといっている（「新日本の建設」）。つまり彼は敗戦しても東亜聯盟を作る意志は持続していたのだ。

しかしこの当時（昭和二十年十月）は楽観的に考えていた朝鮮の南北統一も、時間が経つと米ソ間の解決が図られなければ不可能だと石原は考えるようになる。

朝鮮独立（自治）問題の一番やっかいで不幸なことは、日本にとって絶対容認できない天皇制を否定する社会主義思想がその運動の背後にうごめいていたことだ。仮にそういうものがなければ、朝鮮自治はかなり早く実現されていたであろう。

戦後の問題　朝鮮分断

戦後、石原は病気のため逓信病院に入院する以外は、ほとんど山形にいたままだった。その石原のところにあの朴烈が、曺寧柱と共に何度か訪ねてきている。

日本の敗戦と共に「解放」された在日朝鮮人たちは、「朝鮮人聯盟」(以下朝聯)を作るが、次第にその志向する方向がやはり共産主義的になっていく。きっかけはモスクワ協定によって、朝鮮が国連の信託統治を受け入れるかどうかという問題にあった。朝聯は朝鮮共産党の指令で受け入れる方向に傾いたのだ。それに対抗して作られたのが「新朝鮮建設同盟」(以下建同)であり、「朝鮮建国促進青年同盟」である。この二つの団体を中心にしていわゆる「民団」ができるのだが、曺寧柱は建同を創設した中心人物である。強烈な反共団体である。朝聯はその後GHQによって解散させられ、その後「朝鮮総聯」が結成されて現在に至るわけである。

曺寧柱らが建同を作ったのは、石原の意図をおもんぱかっての新たなる東亜聯盟の基礎作りであったと思われる。しかしその組織基盤は磐石ではなかったようだ。

昭和二十年十月に秋田刑務所を出獄した朴烈は民族の英雄だった。出迎えに一万七千人がやってきたという。曺の思惑は、この朴烈を担いで強い影響力を得ようということだったかもしれない。朴烈の伝記には、「ある夜、山形県から押しかけた一群が、奪うように朴烈を連れさった」とあり、この一群に曺がいた可能性は低くない。石原莞爾の下に彼がやってきたのは、朝鮮への理解が深い彼に朝鮮独立へのアドバイスを受けるためであった。

昭和二十一年五月一日付で建同の代表として彼が書いた「今後の朝鮮に望む」という文章がある。

「一方国亡びて自民族社会に感激と使命感を失ふ時は必然利己的に零落し協調性がなく嫉妬に豊《ママ》み大につかふる依憑心《いひょうしん》に強く感激の念亦欠如するに至るのである。わが同胞の民族性はこの欠点を持つてゐないと誰が断言出来やう。解放とは名のみの今日、同胞自らの不協調から社会的にも錯綜混乱してゐるのは、同胞の民族性をよく現してゐる」

「今や国際提携は世界の大勢となり、民族間の親和は原子力時代の今日に於て人類の共に要望する時代的潮流となつて来た。独立朝鮮は国際的構成単位の一細胞として世界の平和と文化の進運に追求する使命を担つて居る。わが朝鮮は国際紛糾の禍根にならないやう、戦争の導火線にならないやう、常に道義国家としての三者的立場を堅持して恒久平和を指標に進むべきである」（『独立指導者朴烈』より）

ここにはかつての朝鮮に対する深い反省と今後への指針が述べられている。民族の欠点といわれる事大主義や独立心、団結心の欠如、それが朝鮮半島を〈東洋のバルカン〉としているとの反省、そして恒久平和を志向する道義国家の建設である。

石原や曺寧柱からの思想的アドバイスがここに反映されていることは間違いないだろう。

昭和二十一年十月三日に、民団（大韓民国居留民団）は誕生するが、その初代団長は朴烈だった。彼が団長になれたのは、やはりその獄中二十二年のカリスマ性とそれによる集金力であったようである。

しかし朴烈の任期は一期だけ、二年六ヶ月で終わる。その強い信念はともかくも、次第にその在日朝鮮人間での人気は下火となっていく。曺寧柱とも仲違いしている。その後、李承晩大統領に招かれて韓国に帰り、朝鮮戦争中に北朝鮮に拉致され、その後は北側からの統一運動に携わったといわれる。昭和四十九年、北で亡くなった。

ついでながら、朴錫胤の戦後もここで記しておこう。彼の親日振りは戦後になると非難の対象になる。韓国に帰っていたが、朝鮮戦争で北軍に捕われて、裁判にかけられ処刑されたという。

石原莞爾は昭和二十四年八月十五日に亡くなるが、葬儀には多くの朝鮮人同志が参列した。朝鮮人代表として弔事を読んだのは朴健一。祭壇で得意のハーモニカを演奏したのは戦後日本を代表する演奏家となった新井克輔である。東亜聯盟の思想に共鳴して、昭和十九年頃から聯盟本部で働いていた若者だった。昭和二十年三月、日中和平のために東京にやってきた繆《みょうひん》斌の荷物を宿舎の五條珠実宅に届けた人物である。

翌年朝鮮戦争が勃発する。これは日本が戦争に負けた結果として必然のことであった。東亜を安定させていた日本軍の代わりになるものがないのだから当然である。

戦後の朝鮮はすぐに三十八度線でアメリカ軍とソ連によって分断占領された。一九四八年に大韓民国と朝鮮民主主義人民共和国が相次いで成立するが、双方において血の粛清、血の抗争が繰り広げられていた。北朝鮮内でこうしたことが起こるのは社会主義体制として当然のことだが、大韓民国内においても金九や呂運亨といったかつての独立運動の指導者が暗殺されるという異常さであった。

こうした対立抗争は上海臨時政府時代からの遺産である。併合に不満で国外に出て政府を樹立する。朝鮮独立という目的は同じでも、その方法を巡って李東輝や洪築道らの武断派あるいは安昌浩や呂運亨らの文治派と別れて抗争する。李東輝らは満洲で活動し、そこでソ連のボルシェビキと結びついて社会主義化する。金九も過激な運動家だったが、韓国内に戻り暗殺されるのだ。呂運亨は玄洋社の系譜につながる葦津珍彦とも交流を持っていた。

こうした政治的暗闘は、内田良平のいう「第二の民性としての政治的欲望」に由来する歴史的伝統なのかもしれない。結局、朴烈のいうところの「国際紛糾の禍根」「戦争の導火線」は解消されなかったのである。

日本国内でも代理戦争のように共産派、反共派と分れて血の抗争を繰り広げていた。曺寧柱は大山倍達に空手を教えた達人だったが、やはり危ない目にも遭っていた。

そうして彼は民団の中心人物として団長にも選ばれることになり、それはちょうど北朝鮮への帰還運動が盛んになっている頃で、彼は率先してその反対運動の最前線に立つのである。

なお、朝鮮から帰国した森田芳夫は改めて韓国語を勉強し直し、外務省に入り、戦後の絶たれた日韓関係改善のために働き、日韓基本条約、また韓国の扶余にある国柱会が中心となった「仏教伝来謝恩碑」建立のために、裏方として協力した。彼には戦前からの韓国人の友人がおり、その人脈も役立ったのである。これも東亜聯盟運動の戦後の継承形態として理解すべきものであろう。

戦後の問題　英雄としての石原莞爾像

ところで石原莞爾が酒田裁判の証人尋問で、裁判官や検事に対して取った態度や物言いが、戦後の日本人の屈辱と無念の思いを晴らさせるようなものであったといわれている。

法廷の冒頭に、「尋問の前にいうことがあるか？」と聞かれて、「ある。なぜ自分を戦犯としないのか？」といったといい、すると裁判長や検事があわてて、「戦犯として調べるのでない、証人としてである」となだめにかかった。その人を食った物言いはなるほど石原莞爾だと思わせるところがある。法廷内を爆笑させることもあり、裁判が済んでから、将軍のもとにやってきて、「胸がすく思いがした」といって泣く人もいたという。

この話については、秦郁彦らによって、そんな確証はない、これはすべて〈伝説〉であると反論されている。確かに実際に残された記録公判速記資料にはそのような芝居じみた口調はない。

実はこうした証言はすべて曺寧柱から出たものである。後に『東亜の父石原莞爾』や『秘録石原莞爾』などの本に収められているそれらのエピソードは、石原の死後、二年半ばかり経った昭和二十七年に、曺寧柱が月刊誌『協和』に発表したものの転載なのである。国柱会の『真世界』誌、『共通の広場』と転載が広がり、単行本に納められるというわけだ。

曺はむろん裁判を傍聴していることは確かで、そうでないと判るはずのない、例えば「青年のひくリヤカーに乗り戦闘帽を被り、汽車ならば二、三時間もかかる相当な距離を酒田に向つた」ために、将軍の出血がひどくなったなどの細かい記述がある。確かに彼の回想にある検事と石原の間に交わされた問答には、速記録と比較すると順序の間違いとか、石原の応答の当意即妙性を印象づけようとしたのか、問答の落差——ある意味落語的な面白さとかを強調しているという問題がある。

しかし双方の文章を比べてみれば、速記録は純粋に尋問の応答のみを無機的に記録しているだけで、法廷が大爆笑となったと曺が書く「鉄槌」の話や「被害を言い表す言葉にイエス・ノーはない」という石原の答え、橋本欣五郎と板垣征四郎の関係を聞かれたこと、本庄繁や板垣が温厚な人物という石原の証言などはちゃんと速記録にある。

なぜ戦犯としないかというのは、尋問が始まる前の問答で、速記録に出なかっただけであろう。石原は堂々と証言したと思うし、曺寧柱の作り話ではないと私は思う。

それでも弟子のいうことは信用できないという人には、著名な三木淳という写真家の証言を出してもよかろう。

三木はこの時期、サン・ニュースフォトスという写真通信社に勤めて東京裁判の取材をしており、その関係で酒田法廷にもやってきていた。「検事の厳しい尋問にも平然と答える石原将軍の論旨はいささかもゆるがず、武人の立派さに感動してリヤカーで帰られる将軍について行った。『日本は必ず復興する。そのためには君たち若い人の力が大切だ』と懇々と諭された」（『昭和写真・全仕事』）と彼は回想している。

三木はまた、「ダニガン検察官の尋問が始まると将軍は明解に満洲事変と満洲建国について語った。私は東京で某旧陸軍高官が、自分の同僚の非を強調するような証言を聞き『ああ日本人も遂に地に堕ちたか』と思ったが、病身の将軍が歯に衣もきせず堂々と主張すべきは主張されたので感動した」（『山形新聞』昭和六十三年九月五日）とも書いている。

この記事では、リヤカーに付き従う人物に、桐谷誠、従兵だった高橋某、看護婦の小野克枝の名前まで上がっており、三木淳の証言は鮮明で信頼に足るものと思う。なおかつ石原のカメラ好きは、三木が首から提げているライカの話まで広がったという。

善意の悪政

私は晩年の曺寧柱から、「日本の朝鮮統治は善意の悪政であった」という言葉を聞いている。当時なるほどと腑に落ちる思いをしたのだが、ところが何とこの言葉は、内田良平も石原莞爾も使っていた言葉だった。

内田の場合、「万歳騒擾事件」が起きた翌年の大正九年に書いた「朝鮮時局私見」なる文章に、総督府の施政を〈善意の悪政〉と評している。同じ言葉は『朝鮮統治の回顧と批判』にも出てくる。

石原莞爾の場合は、昭和十五年の朝鮮問題を論じた「国内に於ける民族問題」（昭和十五年五月十七日）に出てくる。当時いわゆる「創氏改名」が問題となっていた時期である。「緑旗聯盟」の森田芳夫は京城に創氏に関する相談所を設けていた。

石原の創氏改名への意見は、基本的にいいことである、日本人になりたい人にはどしどしなってもらえばよい。しかし時限を区切るというような愚かな真似をしている、また仄聞するところでは、一部に無理やり押し付けているという話を聞く。そういうことは断然やってはいけないことだと。もちろん、創氏改名は強制でなく、任意のものであった。

里見岸雄も総督府の嘱託として当時何度も朝鮮に渡り各地で講演をしていた。朝鮮人の友人も多かったのだが、その観察は辛辣である。朝鮮の民衆は決して心底から日本人に心服はしていない。「内鮮一体」は言葉だけだと。

金出羽という九州帝大出身の全羅南道の知事になった人がいるが、この人は里見に不安げに「創氏」のことで相談に来ている。里見の意見は石原と同じで、金は「博士がいわれるような国体明徴なら我々もついていける」と感謝した。むろん彼は創氏していない。里見は「日本国体は断じて異民族の文化を排除したり、圧迫したりするものでない」「創氏の如きは日本国体と何の関係もない」と明言した。そういう理解から、姜永錫や文影会というような里見国体学門下生も輩出するようになったのである。

ちなみに朝鮮では、全十三道の中で、全羅南北道、忠清北道、江原道に朝鮮人の知事を割り振っていた。道の警察部長は日本人でむろん知事の下にあるが、知事の決済が必要な総督府宛の書類の場合、この四道では知事の決済を必要としなかった。金出羽のような親日派でさえ、いい気持ちはしなかっただろう。

任文桓という戦後〈親日派〉として断罪されながら、李承晩政権で農林部長官を務めた人がいる。一九〇七年生まれで、東大を苦学しながら卒業、朝鮮総督府に終戦まで勤めた。彼の自伝（『愛と民族』）には、総督府の役人になってから同時に任官した日本人がどんどん偉くなり、同等以上の仕事をしているはずの自分は置き去りにされるという体験が怨みつらみもなく淡々と書かれている。差別は厳としてあったのだ。ただ彼は日本人の友人を多く持ち、戦後もそれを大事にした人物である。

ただ曺寧柱が『東亜聯盟』（昭和十七年三月号）に書いた「京都に於ける内鮮協和運動の手記」などを読むと、京都における朝鮮人の問題に、日本人家主との間に家賃を払わない、又貸し、「出ていってくれ」というと立ち退き料を請求するなどのトラブルが報告されている。日本人に信頼されていないという問題である。日本人と融和＝協和するということに朝鮮人側にも問題が多いことを曺は理解していた。

この文章には、「合邦三十年にして光輝ある総督政治の威観あつたにも拘らず、水も洩らさぬ規律正しい統治政策には、朝鮮人は返つて束縛に近い煩ひを感じ、果ては些細のことまで日本民族の指導干渉を受けるやうになつてからは、我々は被圧迫民族だとまで弱音を吐く様になつた」とあるが、これこそが「善意の悪政」なのだ。日本人側はいいことだと思って、世話を焼くがそれが煩わしい。近代化に遅れはとっても、長い歴史を持つプライドの高い民族なのである。我々はやはり植民地になっているんだと鬱憤がたまれば、また「騒擾」が起きかねない。ただ、いわゆる苛斂誅求ではない。

ではどうすればよかったのか？　近代教育は？　法律なしでいいのか？　産業開発は自分でできるのか？　様々な問題が起きてくる。内田も石原も「善意の悪政」と嘆いてみても、他に取る方法はないのである。ただ辛抱強く、時間をかけて両民族の一体化、融合を待つしかなかったのである。

しかし人口は統治三十年ほどで倍近くの二千四百万人となり、米の収穫高も約二倍半の約二千四百万石をあげるようになっていた。総督府の官吏給与の日鮮差別も昭和二十年になると同等となってきていたのである。

また民族や政治を意識しない生活者のレベルでは、里見岸雄や森田芳夫と関係の深い重松髜修《まさなお》の『朝鮮農村物語』（昭和十六年）に感動的に描かれているように、両民族の着実な融和の実態が現れ始めていたのである。

【参考資料】石原莞爾書簡

拝啓　十二月十八日附御手紙拝見しました。

「東亜聯盟に於ける朝鮮民族の地位」兄等の信念と熱誠が滲み出て居るのを誠に嬉しく拝読致しました。

唯、最後の結論については直ちに御同意しかねます。

結論に到達する理論に矛盾とも申すべき点もある様に考へられます。

朝鮮問題に対する私の意見は「東亜聯盟建設要綱」に新に挿入せられた「国内に於ける民族問題」に盡きて居ますが、重複をいとはずに申述べることに致します。

一、聯盟の発展過程

御意見にもある通り、また建設要綱の「聯盟結成の基礎条件」にもあるが如く、世界国家の創造が人類の理想であります。

之のため「東亜大同の態勢」も亦決して固定的のものでなく、常に発展すべきものであり、聯盟は断じて東亜大同の理想体制ではなく、寧ろ第一歩にすぎません。即ち聯盟は聯邦にすすみ、遂に一国家となるのが望ましいことで、世界国家へ発展のためにもかくあるべきと考へます。右の理想に基き、東亜聯盟内の国家も建設要綱六三頁にあるが如く、今日は既に一民族、一国家の主義にとらはるることなく、「なし得る限り、広い範囲が一国家になる」ことが希望せらるべきことと考へます。但し、之の複合民族国家内の民族感情、その他幾多の問題につき、十分考慮し、現状に適するものたるべきことは勿論です。

蒙古国を一独立国にしたいとの私の意見は、
1蒙古民族の遊牧状態は農耕民族との混住に適しないこと。

2満洲国内の蒙古、内外蒙古を一丸とすべき政治的関係。

等、特別の事情によるので、決して簡単に一民族、一国家主義によるのではありません。若し一民族一国家主義を取るならば、中国は蒙古のみならず、回々、西蔵、苗族等の国家を独立せしむることになります。

此の如きことは人類歴史の正しい方向とは申されませぬ。

二、朝鮮は独立すべきや

以上の見地からすれば、折角三十年来合一した朝鮮が日本より分離するは、理論上自然の大道とは申されませぬ。殊に兄の御考への如く、朝鮮の向上、日本の理解により、朝鮮協和国の独立に導くのは、少々矛盾があるのではないでせうか。

朝鮮独立は理論的にはむしろ後退です。唯日本政治の不合理と朝鮮民族の感情が朝鮮民族をして独立を希望せしむる事実は、十分傾聴、考慮すべきです。そんなら独立は即刻これを行ひ、その後朝鮮が発展して日本との間に生活その他に均衡が取れ、且つ日本が複合民族国家としての政治に正しい理解を得たならば、再び一国家にならうといふのが、理論的に正当ではないでせうか。勿論現実問題としては一の空想に過ぎません。

朝鮮の独立問題は主として朝鮮民族の感情問題、特に日本の政治に対する不信であると考へます。兄等には少々不満でせうが、大体私のこの断定が公平なものとすれば、朝鮮民族も日本民族の感情を考へなければなりません。

天皇信仰、特に明治天皇に対し奉る日本民族の赤誠は兄等も十分御理解のことです。日韓合邦は明治天皇が両国関係並朝鮮国内事情につき、深く、導き御軫念の後御聖断遊ばされたのであります。日本民族はこの御聖断を所謂帝国主義思想とは夢にも考へ得ないのです。この御聖断の御事業を変革するにつきては如何なる思想家も政治家も日本民族を納得せしむることは恐らく不可能です。結局実力行為による外方法はないとのかなしむべき事となりませう。この点日本人の心となつて一度お考へ願ひます。

三、朝鮮問題の公正なる解決点

以上の見地から私は矢張り建設要綱の主張を正しいものと信じます。即ち、

1日本は速に複合民族国家たることを確認して、国内に於ける民族協和に全幅の努力を拂ふこと。

2朝鮮内に於ては特に内地との間に強度の統一を要する事項以外は高度の自治を行はしむること。

がこの眼目であります。

朝鮮民族の東亜聯盟に対する責務は、日本及満洲国の有力分子として、その力を十分に発揮し得る状況となることにより、達成し得る訳です。理論的には必ずしも独立して連盟の一員にならねばならぬといふことはないと考へます。

以上少し理屈臭くなりますが、静かにお考へ下さい。若し独立国になつたところで、両国間に今日の日満間以上の「不可分」関係成立すべく、「独立」の限度は恐らく私共の主張する「高度自治」と実質上大きな開きはなく、単に名分上の問題となるのではないでせうか。

然し私としては兄等の御心情には限りない同情を禁じ得ません。政治の現状が独立しないでは到底不正を排除し得ないとの御気持は御察し致します。同時に前申しました通り、独立亦恐らくソ聯等の力による以外は不可能でせう。両民族の同志は心を静かにして、過去の不愉快なる思出に捉はるることなく、深く事態の真相を達観し、真に異体同心、建設要綱の方針に基き、正しい朝鮮の建設に直進すべきではありませんか。

敬具

金昌南様

昭和十五年二月二十三日

石原莞爾

二　満蒙独立運動

清末における満洲問題の複雑化

便宜上、「朝鮮問題」と「満蒙独立運動」と区別したが、何度でもいうが、両者は密接に関わっている。

朝鮮の独立を争点とした日清戦争が日本の勝利に帰した後、朝鮮における清の影響は排除されたが、その代わりに巨大な影響力を行使し始めたのはロシアである。日本に対する三国干渉の後、大連と旅順を手に入れ、東支鉄道とハルビンから大連へ南下する鉄道＝後の満鉄線の敷設は日本にとって脅威以外の何物でもなかった。

内田良平の先見的なところは、ロシアが日本人の前にこうして大きな脅威として登場してくる以前にロシアの東漸を予期し、明治二十六年、十九歳で初めて上京した折に既にロシアを研究する必要を感じ、副島種臣が作った東邦協会の語学校でロシア語を学んでいることである。

そして三国干渉があるとすぐ、彼は実際のロシアを調査しようとウラジオストクに渡る。これは都合三度あり、三度目は遂に単独での雄大なロシア大陸横断という壮挙を成し遂げるわけである。モスクワでは講道館での友人だった広瀬武夫と再会している。この過程で彼が得た見聞、手に入れた地図などの資料は、彼が後に対ロシア開戦論の急先鋒となる必然性を示している。簡単にいえば、ロシアは強くない、その崩壊を免れたいがために自転車操業のように東漸してくるのだということである。

目を転じれば、日清戦争の日本の勝利は清国の弱さを世界に見せつけることになり、西洋列強によって海岸地帯の要地が租借される事態となっていく。中国得意の「以夷制夷」という外交方法は、「三国干渉」という対日圧力をかけることに成功するが、それは反動として自らの首を絞めることにもなったのである。

中国革命の父といえば、孫文ということになるが、内田良平と孫文の出会いもこの頃に始まる。シベリア大陸横断から帰ってきてすぐの明治三十一年秋のことである。両者の提携がなり、内田の中国革命への援助が約束される。

ここで大事なことは、孫文の革命路線が「滅満興漢」――異民族の満洲王朝の打倒と漢民族の興隆を標榜していたことであり、革命成功の暁には満洲を日本の勢力下に置くことが約束されていたことだ。これは桂太郎の前でとか、彼は何度も確約していた。そうであるからには、日本としても満洲とシベリアを日本の勢力発展の地としよう、ロシアの南下を防ぎ、東亜安定の礎となそう、そこで内田たちによって黒龍江一帯を我が根拠地にしようという意味の「黒龍会」が作られることになるのだ。この創立メンバーには、石原莞爾の故郷、山形県鶴岡出身の伊東友也もいた。

明治三十三年、山東省方面から拳匪の蜂起が起こる。清国の衰えを象徴する出来事であるが、これは大々的な排外運動であった。日本を始めとした諸外国の北京や天津にいた居留民たちが非常な危険にさらされた。

日本が主体となった外国軍隊の進駐によって、この「義和団の乱」は鎮圧されるが、この混乱の最中を利用してロシアは一気に南下、満洲全域を占領してしまう。そしてロシアは日本の抗議を聞くことなく満洲に居座り、事実上の領土化を推進していき、李朝朝鮮への影響も強くしていく。このことが日露戦争の原因となった。

もう一つ、義和団事件で大事なことは、川島浪速の登場ということである。川島もまた早くからアジア復興の思いを胸に抱き、中国語を学び、大陸に渡って見聞を広めていたアジア先覚の志士だった。義和団事件が始まると、日本軍に要請された川島は北京に赴き、紫禁城への聯合軍の砲撃を止めさせるとか、軍政に関係し、近代的警察学校の創設などに携わり、清朝における革新的人物だった粛親王らに信頼されるようになり、交わりを深めた二人は遂に義兄弟の契りを結ぶのである。そしてそれは清朝崩壊後の「復辟《ふくへき》」運動への川島の参画にも繋がっていく。

ロシアと清国の間に満洲に鉄道建設をなすという密約が発覚し、日露の関係は険悪化していく。それでも政府は伊藤博文を先頭にロシアとの対決を避けるというふうだったが、それを強く開戦にまで後押ししたのが、内田を中心とする「対露同志会」のメンバーであった。

日露戦争は辛くも日本の勝利に帰し、ロシアの南下の勢いは北満までに止められ、日本は南満洲鉄道沿線を中心とする権益をロシアより譲り受けた。十万に上る戦死者を出し、大きな血の代償を払って手に入れた遼東半島から始まる満洲の地は、その後日本人にとって独特の意味を持つものとなった。内田と親しかった広瀬武夫も戦死し、軍神となった。

日露戦争の後、内田にとって解決せねばならない最大問題はむろん満蒙問題だった。清国政府は講和条約が結ばれるとすぐ、満洲の日本軍の撤退を求めるなど、身勝手な対日姿勢を露わにしてくるのだ。これもまた彼らが得意の「以夷制夷」である。

小村寿太郎が北京にまで交渉に行くが、最も大事な日本の満鉄線の権利にしても容易にそれを認めようとせず、小村の健康問題もあり、なんとか「満鉄並行線の敷設禁止」ということを会議録に留めさせる程度に終った。日本にとってこの問題の解決は後日に持ち越されることになり、これは大正以降の対中国外交において最大の案件となってしまうのである。

石原莞爾のアジアへの目覚め

日露戦争後の講和条約に反対して日比谷暴動が起こるが、この時期石原莞爾は中央幼年学校生で、同期生の横山臣平は学校のある市ヶ谷台上からこの暴動の様子を共に見たことを回想している。この暴動には内田良平が関わっていた。

この時期の石原のことでは、南部次郎との交流を対中国観形成の問題として挙げておかなければいけない。彼は士官学校での親友であった南部襄吉の父親であり、その履歴は石原が興味を持つに足る人物である。

南部次郎は『東亜先覚志士記傳』に登場する人物で、その列伝によって彼を紹介しよう。

天保六年（一八三六）に東北盛岡藩の名門に生まれ、幕末には藩政を取り仕切る家老の地位で活躍する。盛岡＝南部藩は幕府側についたことで窮地に陥り、次郎を登用することでその危機を乗り越えることができたのである。維新後は盛岡藩の大参事として、諸国に先駆けて「版籍奉還」を政府に申し出るなど、賊名を雪ぐことに成功する。

大参事辞任後の彼は、明治七年の征台の役に従軍するなど、明治初期から東亜の問題に積極的に関わる。堕落し衰亡する清国の改造、革命、民心の一新が自らの、そして日本の果すべき役割だとの認識を持っていたまさしく先覚者の一人だったのだ。

日本政府の要人を説いて、調査のために北京に滞在し、清国の大官と語らったり、部下の青年を蒙古探検に行かせたりしていた。その後は外務省から要請され、韓国釜山の領事館勤務の後、山東省の芝罘《チーフー》（煙台）というところは、韓国と清国を連絡する重要な港であり、そこに領事館を設けることは国家のために重要だと献策し、自ら初代の領事として赴任する。明治十六年のことである。

いつしか中国の革命党員がこの領事館に出入りするようになっていたが、ときあたかも清仏戦争が始まり、清国滞在の日本軍人の中には、この機会を利用して革命を起こそうとする者がいた。それは国内にも聞こえて大問題となり、次郎はその意気はよしとするも、今はその時期ではないと説得する立場にもなった。

彼は三年の任期を終えて帰国し、その後は隠棲して世に出ることはなかったが、彼の住まいには東亜の問題を真剣に考える人々が絶えずやってきて、彼の話を聞きに来た。

石原莞爾もそうした一人として南部宅に足を踏み入れるようになったのだろう。そしてアジアの覚醒、そのために果すべき日本の役割、帝国軍人としての任務ということに心を砕く、情熱的な青年将校として出発する日を待っていたのである。

後年関東軍参謀副長時代にこの頃を回想した講演がある。一部を引用する。

「日露戦争の前であるが、（中略）私は当時から支那問題の研究者であつた。日本は明治の御維新によってこれだけ立派になったけれど支那はだめだ、何卒支那が革命を成就し、日本と同様に発達し、手を携へてゆき度いと希つた。近衛公の先代霞山公や頭山満なども皆志を同じくする、いはば同志であつた」

南部もまたこの才気に満ち溢れた若者に大いに期待し、息子の襄吉にそう語っていた。明治四十五年三月三日、七十八歳で亡くなった。石原が朝鮮勤務から帰国する直前だった。

辛亥革命

孫文たち、中国の革命派は義和団の事件に乗じて、広東省の恵州において革命を起こそうとするが、結果として失敗する。これにも内田は深く関係していたのだが、結局金と武器がないことによる準備不足のために、不徹底なままに終る。

この恵州起義において、山田良政という青年が戦死した。中国革命に殉じた最初の日本人である。彼の弟の純三郎は、その後の孫文の革命運動にずっと寄り添う形で援助し続け、孫文の死の床にもはべり、その後継者である蒋介石とも親交を持ち続けた人物である。昭和十六年、石原の東亜聯盟論を聞いて共感し、汪兆銘政権と石原の仲介をしている。

日露戦争はまた、革命派にとって大きなチャンスの到来だった。戦争がほぼ日本の勝利に帰した頃、孫文は日本にやってくる。そして偶々日本にいた一方の中国革命の雄、黄興と肝胆相照らし、盟を結び、内田らの計らいによって「中国革命同盟会」が作られるのである。この協議会が内田の自宅で開かれるが、中国人留学生が百人以上集まり、孫文の演説に皆が飛び跳ね、床が抜けてしまった。結果的に見れば、この時期が孫文と内田の一番親密な蜜月時代といえるだろうか。

このような革命への熱気は中国本土でも清国の衰退に応じて強くなっていく。孫文の三民主義の考えも、この同盟会が知られるようになって大きく広まるのである。

数年を経ずして、明治四十四年十月十日、武漢において辛亥革命が勃発する。

内田は直ちに山県有朋と桂太郎を訪問し、革命運動への支持と、一方では満蒙への革命の波及を防ぎ、満蒙を日本の指導によって独立させるという案を説く。このときには清国皇帝は自らの故地である満洲に帰り、元々都のあった奉天に遷都し、その地位は保たせられるということである。彼はこれを「支那改造論」という文章にして発表している。内田は次いで朝鮮に渡る。寺内総督と明石元二郎警務総監に会って、満蒙独立を働きかけるのである。山県と寺内は不賛成、桂と明石は内田の考えに同意する。山県、寺内の不同意は革命派が標榜する民主政体への不信感にある。

内地に引揚げた内田の工作は、孫文ら革命派の活動する華南、華中方面への援助に専念することだった。この中には三井の益田孝を介した革命党への三十万円の借款供与もある。むろんこれは武器購入に充てられる。

しかし翌明治四十五年になると、革命派と政府軍の戦いの最中、こともあろうに両者の妥協という風聞が聞こえてくる。これは内田らには到底受け入れられる事態ではない。彼は清国政府の袁世凱を奸智に長けた〝梟雄《きょうゆう》〟として信用していなかったが、彼の特使としてイギリス人のモリソンが革命派の牙城の南京に乗り込み、妥協を働きかけていた。イギリスは中国にある自国の利権への革命の波及を恐れ、両者の妥協を促すよう動いたのである。革命派はこの工作に乗ってしまった。

内田は盟友の葛生能久を南京に派遣して革命派の説得をするが、南北妥協の勢いを留めることはできず、二月十五日、袁世凱の臨時大総統就任は決まってしまう。清国の幼帝、宣統帝が退位するのは十二日である。南北妥協は、辛亥革命への内田の期待を打ち砕く結果に終ったのである。

第一次満蒙独立運動

内田良平の満蒙独立の考え方は清朝復辟派と近いのだが、彼と川島浪速の接近はこの満蒙独立という一点から始まるものといってよいであろう。

川島には革命派への同情はさほどない。彼の考えは辛亥革命が清朝の没落を必至とするのなら、中国を分割して、北の方だけは清朝を引き継ぐ者で統治させようというものである。北の方——つまり満洲と蒙古である。宣統帝の退位とほぼ同時期に、彼は親族の粛親王を密かに遼東半島の旅順に亡命させる。北京駐在武官の高山公通大佐の協力があったが、そのために彼はその後本国召喚されてしまう。

川島は清朝復辟という計画を、蒙古のカラチン王やパリン王と密かに語らっていたのである。満蒙人の間にも辛亥革命を契機として、新中国の羈絆《きはん》を脱して、独立国家を作ろうという機運が高まってきていた。川島はその新国家建設の中心人物として粛親王を構想していた。しかし国家を建設する力量はまだ彼らにはない。そのためにはまず日本との提携が必要であり、そこに内田との利害の一致もあったのだ。

粛親王に次いで、松井清助大尉がカラチン王を、同じくパリン王を密かに北京から蒙古に脱出させた。そして多賀宗之少佐が中心となって、独立に必要な武器弾薬をようやく調達、その大量の荷物を蒙古に馬車で運ぼうとした。五月の終わりである。しかしこの行動が露見し、奉天総督軍との間で戦闘となった。六月から七月にかけて戦いが続き、いかんせん多勢に無勢、武器装備も貧弱で善戦したが、日本人十三名を含む大量の戦死者が出た。松井大尉も重傷を負ったが、彼の満蒙独立への意欲はこれで減ずることはなく、後の満洲事変にも従軍し、昭和八年の熱河事変で戦死した。当時は大佐になっていた。

この戦いが明らかになったのは、満洲事変後である。それまで伏せられていたのは、現役の日本軍人が参加していることを秘するためである。実はこれは日本政府や参謀本部が黙認していたものだった。しかしそれが対外関係の変化、イギリスやロシアとの外交の兼ね合いの中で、政府の中止命令が出る。川島相手には直接、参謀次長が工作の中止を要請した。川島はそれに従わざるを得なかったのだ。これを第一次満蒙独立運動という。

内田の漢民族への不信感

辛亥革命は、内田の最も失望した南北妥協という結果に終った。

大正二年六月、黒龍会は「対支策断案」という印刷物を作り、諸方面に頒布する。中国の革命運動が頓挫したことからくる内田の危機感の表れである。「中華民国建設以来、其経過に顧み、其実際を熟知するに及び、失望せざらんと欲するも、能はざるものあり」と述べられる出だしには、中華民国の建国宣言にその国土が旧清国の版図をそのまま受け継ぐとなっていたことからもくるものだろう。

袁世凱は南方の革命派への講和の呼びかけに、「満蒙を守れ」という文言を使っている。彼が大総統の就任式が行なわれるはずの南京に行かなかったのは、満蒙へ日本の触手が伸びることからの警戒からだという。これを南方革命派が受け入れたということは、日本への背信である。民衆は排日ボイコットに狂奔し、南京では日本人が殺された。しかも袁世凱は就任式を北京で行なうために、部下の一旅団の兵に密かに命じて、あろうことか北京城内の富豪を中心に掠奪、放火、虐殺を四日間に亘って行なわせている。治安維持のために南京に行けないというのだ。

黒龍会の認識は、袁世凱の独裁政治も認められない。南方の国民党系の民主政治指導者の実力も甚だ心もとない。政治機能は腐敗し、国民的精神は軽薄化し、国家を担う人材は欠乏している。このままでは諸列強に中国は分割の憂き目に遭う運命だというものである。実際問題として海岸部だけでなく、チベットにイギリス、蒙古にロシアの手が伸びていた。日本の取るべき道は、満蒙問題の解決をつけ、それから南進することとの必要、そうして初めて中国の分割の阻止が図られるとの認識であった。

「今日の支那は、内より改革すべからず、彼自ら保全すること能はざるや久し、而して善く支那の国民性を解し、其政治を改革し、其領土を保全するは、欧米列国に非ずして、我帝国の任務たるに於て、其領土の一部たる南満洲、及、東蒙古を統治経営するは固より已むべからざる所たり」

こうして日本が満蒙の交通を整備し、資源を開発することで支那本部 **China proper** の保全がなされるのだと内田は考えたのである。

日露戦争で清国がなし得ないロシア南下圧力の排除を日本がなした以上、日本が満蒙経営の権利を持つのは当然であり、資格であると内田は考えていた。それは諸列強が暗黙に諒解するところでもあった。小村が赴いた北京交渉の結果は彼にはどうにも遺憾でならなかったのである。

『支那観』

彼が大正二年九月に公刊した『支那観』には、孫文も含めた漢民族への不信感が露骨に述べられている。これは辛辣なる漢民族論であると同時に、日本の満蒙経営への急務を論じた警世の書となっている。

この書において内田は、「支那は一の奇形国」であると断言する。その歴史を見ても、西洋の歴史とは著しく違う、西洋流の理解の仕方で臨むと理解を誤る。孫文自身が間違っている。「孫文の世界主義五億人民の心に非ず、畢竟是《ひっきょうこれ》心上の幻影而巳《のみ》」と。

支那においては政治社会と普通社会が全く関わりがない、西洋流の民主主義を留学して身に付けた者にしても、それは「一部外国留学生の洋籍を生呑活剥《なまのみいきはが》したるに過ぎず」。これはそのまま若くしてハワイに学んだ孫文への批判である。

「政治社会（読書社会）」とは科挙を経て官吏になった者の世界、「黄金万能」中国伝統の賄賂横行の社会である。これはもちろん革命派も否定はする。

「普通社会（農工商社会）」とは、政治になんら興味を持たず、国家観なく、ひたすら個人本位の利益で生きている一般庶民の世界。王朝がどう変遷しようが、自分の財産さえ保護されれば、我関せずの世界。革命派の論理なら、彼らの立ち上がりが中国の覚醒をもたらすというのなら、なぜ日本がこの革命に同情しているのに、袁世凱に使嗾されて排日ボイコットを行なうのかと……。

そしてこの両者の中間に「遊民社会」がある。支那人の持つあらゆる悪徳、残酷性（賭博、阿片、食人）を体現している社会である。内田はいわゆる孔孟の書によって、その「礼」や「仁義」のからくりを説明する。いわく「礼は賄賂と其意義を同ふする」「謂《いわ》ゆる仁義は賄賂を用ふるの良法たることを暗示せるなり」というように、表の意味と裏の意味があるわけだ。この範疇に社会の叛乱を企てる匪賊も入る。むろん普通社会の支持を得れば、洪秀全の乱のように、それは巨大な社会変革力にもなり得る。しかしそれも金をばら撒くことによってのみ可能であると。

この三つの世界によって成り立った支那社会への透徹した理解の下に、彼は対中国政策を提示するのである。

「我帝国を除き、他の列強の支那に対する従来の趨勢は、悉く皆保全の名を籍りて分割の実を行ふものなり」、政治的、経済的蚕食主義によって支那を実質的に分割しようとする時代にあって、わが国の保全主義は支那国民性と適合しない、「列強の為す所の如く、冷頭冷血、彼の存亡を以て彼自ら存亡するに任じ、我は之に対して専ら高圧的手段を取り、酷烈に我が勢力を扶植し、厳密に我が利益を攫《かくしゅ》取するに在るなり」という徹底した対支那方針を打ち出すのである。

もともと支那保全というのも、東亜をわが国が守るという国防の大方針があるからで、支那の国民性が頼むに足りないものならば、これしかない。むしろ支那は「不保全を以て保全し得らるべきなり」と。彼らが得意の権謀術数を振り回す前に、日本が強い高圧的態度で迫り、「メイファーズ」といわせることだ。また保全主義の名の下に支那人の歓心を買うようなやり方は全く意味がない、というよりも要らざるお節介だ、列強のように彼らの生活の仕方まで立ち入らず、放任主義で行くのがよい、ただ生命財産を保護するのみでよい。結論をいえば、「一面高圧的手段を以て、彼等の政治社会を威服し、一面放任主義の下に、彼等の農工商社会を保護せば、支那を駕馭《がぎょ》するは、掌《たなごころ》を反すよりも容易たるべく」このようにして初めて対支那政策が完璧となるのだと。

内田がこの著作で最重要の課題として位置づけたのが「満蒙経営」である。そして彼が漢民族への評価を下げたのと反対に期待し得る勢力と位置づけたのが北方人だった。つまり満蒙に生活する民族である。『支那観』では、南方の漢民族の惰弱性と比較して、北方の満蒙人は質実剛健としてわが国の「封建武士」のようだといい、その評価は高いのである。

これは実質的には川島浪速が提携する宗社党のことを念頭に入れている。大正二年七月の山本権兵衛首相への親書には次のように述べられている。

「今日に於てこそ彼の宗社党なるものは微力一顧に値せざる如き観あるも、唐蕃鎮《とうばんちん》以来の習慣を以て自ら土着士人の団結をなせるは、優に北方の一勢力に有之《これあり》」「帝国北方経営の基礎を安固ならしめ候様仕候には、彼の宣統帝をして満蒙に建国せしむるの外なく」とあり、この宗社党への期待を強くにじませている。そして「満蒙独立政府の承認とともに日本がそれを保護下に置くこと」を提案しているのは注目すべきである。これは後の満洲国の原形構想となるものである。

彼は徹底したリアリズム、マキャベリズムで漢民族と付き合うことに決めたのである。この本は公刊された以上、孫文も読んだものと思われる。

この本の刊行とほぼ同時に中国の第二革命が起こっているが、孫文派には不利に展開していた。このとき三井物産からの三十万円借款で関係がついていた森恪から、二個師団と二千万円で満洲を譲渡しろという案が孫文に持ち込まれ、彼は思案の末了解している。

「対支二十一ヵ条要求」と満蒙

この時期、内田は「対支聯合会」を組織している。会員の中には、川島浪速も鶴岡出身の伊東友也もいた。支那問題解決のための活動組織である。具体的には、政府当局者への献策、また一般になお知られていなかった満蒙問題の喚起のために、各地で熱心に講演会を開いたりしていた。

大正三年十月、内田は『支那観』と同様の見解である「対支問題解決意見書」を極秘に政府の当局者宛に提出した。そしてこの中に書かれてある意見が後の「対支二十一ヵ条要求」のものと符合することが、後に大問題となった。大隈重信の政府（加藤高明外相）が大正四年初頭から始めた袁世凱政府とのいわゆる「二十一ヵ条」の交渉は、多分に内田らの「対支聯合会」の意見が大きく作用しているようである。しかしこの時点では、内田らは大隈内閣に見切りをつけ、倒閣に動こうという矢先であった。

その内容は内田の意見書と同様のものであったが、内田らは漏れ聞こえてくるその政府のやり方に唖然とするものがあった。政府はその対支要求項目をそのまま袁世凱政府に出すという愚策をやったのである。内田らとしては、袁世凱に対抗している南方政府、あるいは宗社党への援助、根回しなどを済ませた上での交渉でなければならなかった。「高圧的手段」といっても、ものにはやり方がある。

案の定、袁世凱政府はこの要求問題を英米列強にもらし、そちらから圧力を期待するという例の「以夷制夷」策に出た。当時第一次大戦中だったが、同盟を結んでいるイギリスから抗議が来た。政府は対支要求項目を同盟の誼《よしみ》に従い、イギリスに通知していたが、一番問題となった第五項目については通知していなかった。それは希望条項だというが、そういう言い訳めいた言い方こそ、イギリスの不信を抱かせるものであった。

しかしその第五項目こそ、内田が中国に要求すべき要と考えていたものである。それは支那本部に関する以下の七ヵ条である。

一、支那政府は有力なる日本人を聘用《へいよう》して、政治、財政、軍事等の顧問に充てること。

二、支那内地に設置せる日本病院、寺院、学校に対しその土地の所有権を与えること。

三、日支両国は従来しばしば警察上の事件に関し紛争を惹起させること少なからざるに鑑み、必要地方の警察を日支合弁とし、或は此等地方の警察官署に於いて日本人を聘用し、以て支那警察の籌画《ちゅうかく》改良の機関となすこと。

四、日本より一定数量の軍器を採用し、若しくは日支合弁の軍器廠を設立し、日本技師を聘用し且つ日本より材料を買い入れること。

五、武昌、九江、南昌を連接する鉄道及び南昌—杭州間、南昌—潮州間の各鉄道建設権を日本に許与すること。

六、福建省内に於いて籌弁《ちゅうべん》すべき鉄道鉱山及び整海口（港湾の建設、船渠を含む）につき、外国の資本を求めるときはまず日本国に向かって協議すること。

七、日本国民の支那における布教権を認めること。以上である。

後の五・四運動で自宅を焼かれるという運命にあった親日派政治家、曹如霖はこの当時外交部の部長だったが、袁世凱が「日本はわが国を朝鮮と同じにする気か」と慨嘆したと回想録に書いているが、日本政府は初めから腰砕けで、「希望条項」に落としていた。

確かにこれは中国政府の自主性を損なうものだろう。中華民国は曲がりなりにも独立国なのだから。帝国主義的侵略だといわれるかもしれない。しかし内田ほどの徹底した漢民族認識からすれば、強力な指導を行なわなければ支那は分割の憂き目に遭うのだから、やらざるを得ない。

しかし実際の問題として、これらの項目のいくつかを検討してみると、まず顧問の問題だが、当の袁世凱政府には日本の最高の国際法学者である有賀長雄博士が既に顧問としており、また各軍閥が日本軍人を顧問とするのは後には通常のことになっていく。

一つ指摘しておきたいのは、清朝末期の一九〇五年に光緒帝は旧い科挙の廃止の布告をし、小中学校から大学まで全国に近代的学校の設置を命じたことである。その経営や教師は留学組を充てようとしたのだが、人材は完全に不足していた。結局、清朝政府は日本にその供給を仰いだのである。その結果、多いときには八百名を越える日本人教師が支那全土に満ちていた。そういう時代からさほど変わらない時代であったことを認識しておくべきである。

また近代的警察制度を持ち込んだのは川島浪速である。布教権にしても、西洋各国は既に宣教師を派遣している。その他の項目にしても、日本の資本による中国社会の近代化ということである。賄賂横行の中国人に任せていたのでは、いつまでも埒が明かないという内田流のリアリズムの反映なのだ。

しかし日本政府のやり方は稚拙そのものだった。もちろんこれは締結条約には盛られず、中国各地に激しい反日運動を巻き起こしただけに終わり、その後の両国関係に暗い影を落とすことになった。したたかな中国外交である。ただ加藤外相も日露戦後の北京会議で曖昧なままに期限が迫っていた満蒙問題、関東州租借問題に早急の決着をつけなければいけないとの切迫した認識があった。「二十一ヵ条要求」で日本が最大の問題としていたのは主として満蒙における権益だった。満洲の日本所有の鉄道は租借期限が九十九年に延長され、満洲各地で商工業のための自由往来や建物を建て、農業のための土地を借りることができるようになった。そしてこれが結局後に述べるように満洲事変の引き金になったのである。

内田らの「対支聯合会」はその後、「国民外交同盟会」へと発展し、そこからは意見を異にする「国民義会」が分かれる。内田らは政府のまずい交渉の仕方に反対したが、いかんせん列強には漏れる、出兵はするで、これで妥協したら中国の侮りを招くというわけで、希望条項も入れて交渉せよと圧力をかけたのだが、結局実らなかった。国民義会側は政府の条約調印に賛成し、国民大会を両国国技館で開く。そこに国民外交同盟会が押しかけ、そこで双方入り乱れての乱闘騒ぎの大立ち回りとなった。

「二十一ヵ条要求」問題では、森恪らは北京にいて強硬に日本政府を鞭撻していた。森は孫文に満洲を譲ることを約束させていたが、孫文のことをいうと、この時期第二革命の敗亡で日本に亡命状態であった。むろんまだ日本への満蒙譲渡を考えていた。彼は大隈首相に「我々革命派を援助すれば、日本は大きな利益を得ることができる」との書簡を送っている。

また、二十一ヵ条交渉中の二月五日に民間の志士、山田純三郎、犬塚信太郎との間に「中日盟約」を結んでいるのだが、この中には、先にあげた要求の中の七ヵ条の内、二と七を除く項目と同じものが日本に対して約束されている。つまり孫文は当時満蒙譲渡だけでなく、二十一ヵ条もまた無理難題とは思っていなかったのである。またこれは日本の革命派からの援助を必要としているという自らの苦境の反映でもあったようだ（藤井昇三「孫文と日本・東アジア」）。

しかし中国人の考えるビジネスという観点からは、あり得る契約であろう。つまり内田の構想は実現不可能なことではなかったわけである。二十一ヵ条締結の後、政府は彼に支那問題解決の意見を求めたりするが、当然のことであろう。

第二次満蒙独立運動

ちょうどその頃、北京では袁世凱が帝位に就こうという野望を起こしたことで、大きな反対運動が起ころうとしていた。それは内田の意見を実行するには余りによ過ぎるタイミングだった。内田のそれは反袁世凱の革命派と宗社党の双方を援助し、新政権の樹立によって新支那の更正を実現するというもので、孫文の大隈首相宛て書簡によっても判るように、南方革命派の了解も兼ね備えていたものである。このことが第二次満蒙独立運動の好機を作り出す。

これは大正四年六月、蒙古からタサとパタの二人が密かに日本にやってきたのが起源となる。彼らはパプチャップ将軍の幹部であり、日本に独立運動のための軍資金と武器弾薬の調達に訪れたのである。

パプチャップ将軍は日露戦争のときに日本側に立って活躍したいわゆる「満洲義軍」の一人であり、義侠をもってなる馬賊の頭目であった。日露戦後、故郷で巡警局長となっていたのだが、辛亥革命で没落する清王朝を憐れみ、忠義の想いから復辟運動に挺身するようになる。特に一九一二年の露支条約によって外蒙古の自治（つまりロシアの属領化）が認められると激しくそれに反撥、清王朝への想いはさらに強くなる。『東亜先覚志士記傳』に描かれるパプチャップ将軍将軍の姿はまさに蒙古における楠木正成の観がある。内田のいう「封建武士」である。

蒙古からの密使の願いにすばやく応じたのは、内田良平や川島浪速である。内田は大連にいた川島に会いに行く。また袁世凱が帝位に上ろうという時期であり、これは日本政府には認められない行為であるための暗黙の支持もあったわけである。予備役軍人たちが満洲に渡り、大倉組が鴨緑江上流の森林資源を担保に二百万円の借款に応じるなどもあって、着々と決起の準備は進む。問題はやはり秘密を要する武器運搬であり、トランク、燐寸《マッチ》箱、漬物樽などを利用するといった苦心惨憺ぶりだった。

大正五年六月下旬、かくて士気高まったパプチャップ軍はハルハ川畔から南下と東進の行動を開始する。抵抗する支那軍を排除しつつ、八月十四日には満鉄線近くの郭家店を占領、満洲における根拠地を作る。

しかし東洋の政治情勢はその間に著しく変化し、帝位簒奪を批判された袁世凱は急死し、国際情勢が日本非難に傾こうとするのに慌てた日本政府は、黙認していた独立運動を阻止する態度に出てきた。パプチャップの挙兵に呼応して、満洲各地で直接行動を起こそうとしていた志士たちはことごとく中止の憂き目に遭い、パプチャップは孤立無援の状態に陥った。

日本官憲の斡旋もあり、支那と蒙古の間に停戦協定が成立、九月二日、パプチャップ軍は蒙古への帰還が決定する。しかし無事な帰還はならず、支那軍の協定違反、誤解などによる攻撃の中で倒れる兵士も多く、十月六日、林西城に拠る敵軍との壮絶な戦いの最中にパプチャップは戦死する。カリスマ的指導者の死と武器弾薬の欠乏は蒙古軍の士気を殺ぎ、次第に支那軍の追撃戦に敗退を繰り返し、十二月初旬ようやくハルハ川畔に帰着する。

しかし酷烈な冬を乗り切った蒙古軍兵士たちは、春の訪れとともに士気を盛り返し、六月初旬、北進して電撃的にハイラルを占領した。ここにはロシア人街もあったが、ここで彼らはホロンバイル独立の宣言をなすのである。

ちょうど同じ頃七月一日、北京では張勲による清朝復辟がなされた。ある意味では第二次満蒙独立運動のハイライトというべき瞬間であった。しかし張勲の天下は十日ほどしか続かなかった。

この二つの事件はロシア、支那両官憲を慌てさせ、ホロンバイル独立政権軍の中にいる日本人たちを締め出す工作に着手し始めた。そのあげくは旅順にいる粛親王にも圧力がかかるなどして、参加予備役日本軍将校たちは十月下旬、蒙古軍を離れ、その直後、ロシア＝支那聯合軍はホロンバイル独立政府軍を攻撃し、遂にはその軍と政府体制の崩壊となってしまう。

これは結果としてみれば、満洲事変以前の満蒙独立運動として最大規模の軍事行動だった。しかしその結果は失敗だった。

内田も川島もその落胆は大きかったと思われる。その後粛親王は大正十一年に旅順の家で死去する。五十七歳だった。川島浪速は復辟の期待をその子の世代に託することになる。

つまり自分の養女とした粛親王の娘（川島芳子）とパプチャップ将軍の息子、カンジュルチャップを娶わせることによって独立運動が絶えないようにしたのである。カンジュルチャップは日本の士官学校に入り、二人が結婚するのは昭和三年のことである。しかし結婚生活は長く続かなかった。

余談だが、満蒙独立運動に金を出した大倉喜八郎はその後、大正八年、原敬内閣時代になって貸した金の返還、あるいは材木の伐採の許可を求めている。原の日記には百五十万円となっているが、契約書があるわけでなし、信用貸しである以上政府に責任はない、大隈を相手にするか、泣き寝入りをしろといったという。

大正時代の石原莞爾の動向

大正期の石原莞爾の動向も、明治時代と同じように知られていないことが多いのだが、後年の回想や妻への手紙などでこの時代の中国への考えを浮かび上がらせてみたい。

辛亥革命は彼が朝鮮に駐在していたときのことだった。その報を聞いた彼は近くの山に部下の兵隊を連れて登り、「支那革命、万歳！」と叫んだという（『満洲建国前夜の心境』）。南部次郎から受け継いだアジア復興の夢がそこに実現されたと感動したのだ。

朝鮮から帰った後の彼は大正四年に陸軍大学校に入学し、戦史の研究に専念し、三年後に卒業する。第二次満蒙独立運動が始まってまもなく、陸大を中退し、新婚間もない妻を残してこれに参加していた齋藤元宏陸軍中尉は索倫山中において戦死した。石原とは故郷は同じ庄内、同じ陸士の二十一期生であった。彼はこのバンカラな親友の死を強く悼んでいた。

後年、満洲建国後の昭和九年、石原は同期生と諮って酒田市の日和山に齋藤の彰徳碑を建てている。記念碑の題字「志士　齋藤元宏之碑」は粛親王によるもので、彼の没年から考えれば、彰徳碑建立計画は大正半ばごろにはあったのだろう。それが建てられなかったのは、碑の裏面に彫られた石原による顕彰文を読めば判る。

「当時同期生有志相計リテ君ノ壮烈ナル志ヲ後世ニ伝ヘントシテ建碑ノ挙アリシモ事情アリテ果サズ然ルニ茲《ここ》ニ満洲国ノ建設ヲ見ルニ至リ君ノ先見卓識ヲ思フヤ益々切ナリ即チ此機ニ於テ多年ノ計画ヲ実現シ碑ヲ建ツルモノナリ」

「事情」というのは、第一次と同じで、この満蒙独立運動に帝国軍人が参加していたことは、満洲建国以前には知られてはいけなかったことだからである。むろん齋藤元宏のことは『東亜先覚志士記傳』には出てくる。

確証はないのだが、齋藤と石原は代議士もやっていた同郷の伊東友也（大正十年没）と交流を持っていたのではないかと思われる。またこの第二次満蒙独立運動の経緯と挫折、張勳の復辟失敗は、石原が後年満洲事変の画策をなすときに、大きな教訓としたはずだ。つまり綿密な計画と準備の下に、大胆で大掛かりな軍事行動を起こさない限り、満蒙独立などは夢のまた夢ということである。

石原莞爾らが建てた齋藤元宏彰徳碑
軍服は石原ではない（鶴岡市郷土資料館蔵）

大正九年からは一年三ヶ月ばかり、揚子江中流の漢口に派遣される。ここで彼は後の満洲事変遂行の盟友、板垣征四郎と知り合う。むろんここにいるとき、彼は支那の兵要地誌を頭に叩き込んだ。その知識と記憶は後年の支那事変時の不拡大方針に生かされる。

また内田良平の『支那観』を

読んでいたのかと思わせるのは、この地から新婚まもない妻に宛てた手紙の一節からである。

「支那人は民族として特に其生物学的見地からして中々あなどれない力をもつて居ることは勿論ですが、其社会的の発達が若干病的なところがあるものですから、政治上の道徳といふやうなものは全くありませぬ（中略）其政治道徳は到底進歩する見込はありませぬし、さらばといふて一時なりとも天下の耳目を聳動するに足る不世出の大英傑も中々出て来ますまいから、結局どんなことがあらうが、根本的に其統一を完結する様な事は出来ますまいと思ひます。西洋人等は結局支那は列国の干渉で国際管理をしてやらなければならないといふ考へを持つてゐる様ですが、私もどうもさうでないかと考へて居ます。其主導者はどうしても日本でなければならないと思ひますが、今では惜しい事には力が足りませぬ。力と申しましても金力や兵力よりも、もつともつと大事な正義の力が足らないのです」

（大正九年六月十二日付）

このように彼は、新中国の建国後の推移、内乱に継ぐ内乱、その足取りにアジア主義者として絶望し、辛亥革命に感動した当時の若き高揚感を失っていた。手紙の中にある「社会的の発達が病的」という言い方は、内田の「奇形国」という表現に重なっている。

またこの手紙で重要なことは、彼が国柱会に入って間もない頃のことであり、法華によって開顕された日本国体の建国の大精神と八紘一宇の大理想に目覚めたということだろう。それが「正義の力」という言葉になって出て来ている。

「対支二十一ヵ条要求」問題に関しては、その当時の意見は判らないが、前述の関東軍参謀副長時代の講演記録では、「悪いには悪いと云へ、西洋諸国の間に立つて唯一の独立国として立つて行かうとする日本としては、支那に利権を求めざるを得なかつた」とその必要悪を認めている。

石原は漢口滞在を終えてまもなく陸軍大学校で兵学教官となり、大正十二年からは二年間ベルリンに駐在武官として出かける。そこで有名な「世界最終戦争論」の構想が芽生えることになる。

第一次世界大戦と講和条約

張勲が復辟を断行したのは、元々彼が清朝に対して愛着を持ち、辮髪《べんぱつ》を蓄えた武人だったからである。またそれが可能になったのは、中華民国政府が既に始まっていた第一次世界大戦に参戦するか否かで対立があったからである。

というのもアメリカに参戦を薦められて総理段祺瑞が独断で決め、それに対して大総統であった黎元洪は反対し、それが元で段は天津に引きこもり、首都の不安な空気を鎮めるために張勲は総統に呼ばれて入京してきたのである。そしてこれをうまく利用して復辟を断行したのだ。しかし軍事的強者はやはり段祺瑞で、復辟はならなかった。段による張勲派内部の買収もあった。

結局中国は参戦するが、実際の軍事行動はほとんどなしていない。しかし参戦を口実としてまた彼らはしたたかに、不平等条約改正の手段に利用することを考えたのだ。

大戦の終結は一九一八年、その翌年にパリで講和会議が開かれる。この会議で中国は山東還付をドイツから直接受けることを主張する。ドイツと実際に戦い、膠州湾を占領した日本が自由処分権を獲得し、その後に中国に還付するという正当な手続きに抜きにすることは国際法上大きな問題がある。しかし例によって二十一ヵ条要求問題を持ち出して、やむを得ず同意したものであり、なおかつ自分らもドイツに宣戦しているとの詭弁を弄した。

こうした中国式のやり方に唯々諾々としていれば、日本の権利や資格は全部ないものとなる。自分が気に食わなければ、それは無視していいというのでは世界に通らない。陸軍軍人から転じた支那学者、長野朗（石原莞爾と同期生）は「支那人ほど食えない民族はない」と慨嘆しているが、まさにその振る舞いだった。

しかし大正七年の日中政府間の「山東省における諸問題処理に関する交換公文」の中にある、「中国政府は右日本国政府の提議に対し欣然同意致し候」との文言が日本から出され、中国側の主張は不利となる。結果的に常識を無視した中国の言い分は聞かれることなく、日本側の正当性が認められ、中国代表は調印せずに席を立って帰国した。

それが原因で起きたのが、五・四運動である。中国各地で排日ボイコットが火を噴き、前述したように曹如霖の家は焼かれてしまった。この頃から排日運動は組織化され、カネをもらい職業として排日運動をする者も登場してくるようになった。

ソビエト国家の誕生と「大高麗国」

第一次大戦後の世界を一変させ、後世に大きな影響を与えたものとしてソビエト国家の誕生がある。一九一九年には世界共産革命を目指すコミンテルンが組織せられ、それは各国に組織せられ、これは日本には新たなる脅威の登場であった。

そうした国際社会状況の下で、内田良平の盟友である末永節が大正八年頃から提唱するようになったのが、「大高麗国」の建設構想である。遥かな昔だが、満洲、蒙古、シベリアなどに生活していた韃靼、渤海、高句麗などの諸国は、現在の朝鮮民族の祖先である。彼らをして、その昔の版図に「大高麗国」を新国家として作らせようじゃないかというまさに夢のような構想である。

しかしこれは日韓併合後、多くの朝鮮人たちが故郷を捨てて、流亡、棄民の生活に喘いでいるという実情を認識しての真摯な提言であった。それらの一部は不逞の徒と化し、社会主義思想を簡単に受け入れる危険性も高かった。また日本に流入する朝鮮人労働者も多く、日本人より低賃金で働くために日本人労働者との軋轢も高まる趨勢にあった。既に大正デモクラシーの下にあり、労働運動も高揚していた。

末永の考える、三百万人の朝鮮人をして「大高麗国」建設に従事せしめようという構想は意外に多くの賛同者がいたようである。大正十年には奉天市内で、鄭安立という朝鮮人が「粛親王を奉じて復辟を断行し、張作霖に粛親王の皇女を娶わせて兵権をゆだね、大高麗国の建設に邁進しよう」といいながら、ビラをまいていたという。

これはあの日露戦争後、一進会が計画して挫折した満洲移住の新たな巻き返し策であったといえようか。

大正十一年、末永は「肇国会」という団体を作る。その趣旨には「其の六合《りくごう》を掩《おお》ひ八紘《はっこう》を兼ぬの宣告を拝誦《はいしょう》せば、正大にして高明、雄麗にして陽剛《ようごう》の威徳を発揮し給ふもの」とある。つまり日本の建国精神がただ日本に留まらず、「大」「高」「麗」の三字を含んだ「大高麗」の建国までその御稜威《みいつ》を発揮するとの考えから、満洲は宣統帝、蒙古はダライ・ラマ、バイカル以東にロマノフ王朝の末裔……というように統治の主体を設け、全体としての大高麗国を建設し、日本の指導下に民族の自立を図ろうという計画を立てたのである。そしてこの場合、支那本部 **China proper** は分離分治主義で治められる体制となる。ここにも後の満洲国が実現しようとしたものの原形がある。むろんロマノフ王朝の末裔を迎えるように、反共、防共の砦としての満蒙国家という地政学的裏づけを欠いてはいない。

孫文の連ソ容共政策とその影響

マルクス主義哲学は、人間の根源的関係を支配と被支配、搾取と被搾取といった対立した図式で描こうとする。それは親子、夫婦の間にも存在する。この関係を弁証法的に変革し、自由な人間の諸関係に向上させていくためにプロレタリアによる革命はなされねばならず、それは唯物史観という科学的な歴史観によって正しいのであると主張する。

この支配と被支配の関係を国家間にまで適用することはさほど困難ではない。プロレタリア独裁国家ができた以上、帝国主義列強に支配される弱小民族、国家の解放とその支援が、成立せるソビエト国家の大きな目的となった。

早速なされたのが、一九一九年七月二十五日の「対支宣言」である。この中で、ソ連は列強の圧制に苦しむ中国に同情し、解放する意図を持つ。また旧ロシア政府が持っていた圧政的条約を無効とし、義和団事件の賠償金も放棄するとの中国を喜ばせる宣言を出す。むろんここには満洲での利権も含まれるはずなのだが、後に一九二九年張学良が東支鉄道を強引に回収しようとしたときは、強大な武力で粉砕している。

ソ連のこの宣言に直ちに応じたのが孫文だった。この翌年から彼の対日批判が始まる。孫文はビジネスの対象をソ連に切り替えたのである。当然かつて大隈首相や山田純三郎らに約束したのと同じように、ソ連の歓心を買うには何が必要かと考えていただろう。

昭和の日本の代表的な外交官である重光葵が初めて孫文に会ったのは大正十年（一九二一）であるが、「日本が侵略政策を中止し、反省しなければいかに日支親善を説いても無駄だ」と痛烈に批判されたと記録している。孫文の批判には日本の朝鮮支配批判もあり、それは間接的には内田良平批判となろう。

一九二一年にはコミンテルン代表のマーリンと接触、二三年にはヨッフェとの間に共同宣言を出す。翌二四年には連ソ容共政策と第一次国共合作を中国国民党第一次全国大会で決定する。内田にとっては信じられない孫文の所業であった。このことはその後の日中両国関係に大きな影響を及ぼすことになる。

ワシントン会議とその影響

大正十年十一月から開催されたワシントン会議はその後の極東情勢の推移に大きな影響を与えた。全体として日本にとって不利なものが締結される。対英米比率上不利な主力軍艦の数、日英同盟の破棄、それに代わる日英米仏の四国条約締結、中国問題に関する決議では、日本は二十一ヵ条要求中、保留項目だった第五項目を含めてその多くを放棄し、その主権や領土行政的保全を尊重することを約した「支那に関する九ヶ国条約」が結ばれた。これが満洲事変時に大きな問題となる。第一次大戦中に結ばれた中国における日本の特殊地位を認めた石井・ランシング協定も破棄された。

「二十一ヵ条要求」に関しては、その山東項目に関しては、前述したように「欣然同意」されていたのをこの会議で日本は完全に返還したのだから、中国側は味をしめた。アメリカ経由で圧力をかければ、幾らでも日本は譲歩するという判断の下に、この後は継続的な「侮日」的態度に出るようになる。

しかしワシントン会議で可決されたいくつかの討議項目、例えば中国に滞在する外国軍隊の撤退のための調査委員会の設置、また中国の「裁兵」（兵員縮小）問題、関税問題など、できない相談というのが現実の状況であった。

列強が義和団事件以来、天津、北京などに兵隊を置いていたのは自国の居留民を守るためであり、中国の警察力が当てにならないためであった。このワシントン会議からすぐの一九二三年五月には山東省で「臨城事件」が起こり、多くの西洋人（ロックフェラー家の娘もいた）が列車強盗団に襲われて暴行を受け、誘拐されて身代金を要求されるという事件が起こる。列強各国は中国を共同管理下に置くことを検討したほどだ。

多すぎる兵隊が国家財政を逼迫させていることからくる「裁兵」も、実際は臨城事件を起こした山賊はそのまま正規兵に編入される（山賊からの要求項目にある）というのが実情だった。

関税自主権回復もその願望は認めるも、軍閥に匪賊に等しい兵隊の増強に使われるだけというのが列強の本音ではなかったろうか。孫文が神戸経由で最後の日本滞在をした折に頭山満にこれを頼み、頭山は政府にその話をしたために、一九二五年の北京国際関税会議の冒頭に日本が提案したのである。

それを受け、ここぞとばかりに「虫のいい」要求を次々に持ちかけてきたと会議に出席していた芳澤謙吉公使は回想録で述べているが、その様子をそばで冷静に観察していたのがジョン・マクマリー北京駐在アメリカ公使である。後に彼は満洲事変の本当の責任者は中国だとする文書を一九三五年に国務省に提出している。ちなみに彼は蒋介石軍の北伐最中に起きた「南京事件」（一九二七年）では、中国に対し強硬な措置を取るよう自国政府に働きかけている。

張作霖の台頭とその影響

満洲軍閥の一人に過ぎなかった張作霖が満洲において大きな力を付けるようになったのは大正八年頃からである。彼はすぐさまその力を支那本部に行使するようになる。そして呉佩孚との聯合政権を北京に樹立するが、次第に互いの仲が悪くなり、いわゆる第一次奉直戦争となり、張作霖は大敗して奉天に帰還した。そして大正十一年七月、東三省自治政府の宣言を発し、満洲政権の独立がなったのである。

しかし張作霖は全支那征服の野望を捨てたわけではなかった。南方に割拠する孫文、そして段祺瑞と手を結び、関内に出兵し、呉佩孚配下の馮玉祥の裏切りも功を奏し、呉佩孚軍を打ち破り、北京政権の勝者となった（第二次奉直戦争）。このとき紫禁城に住んでいた満洲王朝の末裔の愛新覚羅溥儀は馮玉祥に追い出され、大正十三年秋、天津の日本租界に逃れることになる。

こうした張作霖の支配体制を不満とする勢力もあり、馮玉祥もそれに加わって張の部下の郭松齢の叛乱事件が翌十四年暮れに起こる。奉天が大混乱になることを恐れた関東軍は内地と朝鮮から兵を派遣し、郭の叛乱に対処した。そのために郭松齢軍は尻すぼみとなり、張作霖に討伐される。馮玉祥も北京から逃れ、下野して外遊する。張作霖はこの後、蒋介石の北伐完成まで北京の覇者となる。

しかしながら郭松齢の叛乱に結実した不満は、張作霖が満洲の人民の福祉を全く顧みなかったせいだといわれる。長城を越えて関内に出て行くことは、莫大な軍資金を必要とする。それを彼は満洲の民に課した重税で賄おうとしていた。しかもそれは庶民の懐に還流してくるときには紙くずと化す紙幣を濫発するという方法であった。

この時期日本からやってきて大連に住んでいた満鉄衛生課長の金井章次はその辺の事情に詳しい。彼によれば、王永江、于沖漢、袁金凱らのいわゆる文治派＝「保境安民派」の知識人たちが張作霖治世に批判的であった。

奉天省長をも務めた王永江は儒教的理想主義者で財政に明るく、元々張作霖政権の財政を立て直した切れ者だった。警察行政でも、腐敗の根絶に力を発揮している。王のおかげで、張は関内に進出できる財政基盤を持つことができたのである。

「保境安民」とは、東三省を立派に健全に治めるという意味がある。その中身は関内との交渉を一切絶つこと（閉関自守）、民力休養、文化開発、産業振興という政策である。その文化開発、産業振興の協力者として王永江は日本を考えていた。だから一九二二年の国権回復運動で提唱された旅順＝大連（関東州）回収運動にも彼は批判的で、青島は返還されても、それと関東州では日本にとって持つ意味と価値は全く違うということを認識していた。彼には日本との提携は絶対で、仮に戦っても欧米やソ連を利するだけという考えであり、満洲内での回収運動は弾圧した。

東三省独立宣言も多分王永江の入れ知恵であろう。しかし張作霖は王の本当の意向を了解せずに関内に兵を進め、一時は支那本部十八省の内の十四省までも支配下に入れる。張の得意とは反比例して、人民の疲弊は極限に達した。郭松齢の叛乱後、王は張作霖を諫めるのだが、聞かれないために一九二六年二月、野に下る。その年の秋には日満協和と保境安民防共政権樹立を唱えに日本にやってこようとした。しかし重い病に罹り、その年の暮れに病死する。

郭松齢、于沖漢、袁金凱はその王永江に連なる「文治派」であり、親日派であった。于沖漢、袁金凱はもちろん満洲建国に大きな功のあった人物である。満洲建国はこのように、「保境安民」という中国人の政治理想に基く思想の流れに位置づけられるのである。

これらの人物と親しく交際していた金井章次は、昭和三年、満洲に住む思いを同じくする日本人たちと相集い、「満洲青年聯盟」を作る。山口重次や小澤開作といった人物がそこにいた。後の石原莞爾のラインである。

関東軍は郭松齢の叛乱を張作霖の依頼もあって鎮めるのだが、関東軍の意向も実は「保境安民」である。しかし張作霖はその意向を無視して関内に居座り続け、そのことによって逆に満洲の支那本部化が進行する。つまり排日運動が満洲にも飛び火し、それは関東軍内の張作霖に対する強い不満となって爆殺事件へと帰結していく。

張作霖爆殺事件とその影響

昭和三年六月四日早朝、北京から奉天に戻る張作霖の乗った汽車がまもなく奉天城内に着くというそのとき、満鉄線との交差下に仕掛けられた爆薬が炸裂し、張作霖は瀕死の重傷のまま城内に運び込まれ、まもなく死去した。

この事件は大きな衝撃を国内外に与えた。日本、満洲、中国の微妙に釣合っていたバランスを大きく崩す役割を担ったのだった。

これは関東軍の河本大作が独断でやったものといわれている。事件の前に彼が友人の磯谷廉介に宛てた手紙では、「もう我慢ができなくなった」との張作霖に対する不満が述べられてある。彼一人による謀略(後に石原と関係の深くなる東宮鉄男も関係していた)であったとはいえ、その仕掛け人が日本人であることはみえみえだった。西園寺公望も直感で理解した。

この年の暮れには張学良は国民政府に易幟《えきし》をし、蒋介石と手を結び、明確に日本に対して敵意を示し始める。満洲における排日事件は続発するようになり、昭和五年には国民政府の「革命外交」宣言も出され、満洲内の日本人たちの生命や生活までもが脅かされる事態となってきた。

これに関連して、親を殺したのだから、その息子が日本に反撥するのは当たり前ではないかという声が聞かれるのはもっともの感がする。しかしことはそう簡単なものではない。

支那問題専門家の長野朗の『満洲問題の実相』という本がある。昭和三年六月二十五日発行となっているが、張作霖爆殺は出てこない。しかし当時最新のレポートであり、満洲における鉄道敷設をめぐる日米ロシア中国間の様々な思惑や策謀、満洲に進出する漢民族の巨大な流れ、それに伴う日本人(朝鮮人)との軋轢などが資料と共にルポルタージュふうにまとめられている。

長野によれば、満洲でこの二十年間、日本人は二十万人増えただけだが、漢民族は一千万人も増加している。朝鮮人は百万近くになっている。そしてその増加する漢民族の勢いに押されて、生活程度の高い日本人は次第に退勢を示している。経済競争にも負けつつある。満鉄関係者以外は尾花打ち枯らして内地に引揚げるだけだと。

その最大の原因は張作霖政権による圧迫である。官憲と支那商人が結託して日本人を排斥し、商売を成り立たなくさせている様々の実例を彼は挙げている。また漢民族が昭和二年だけで百万人も増加する原因は支那本部の戦乱や苛斂誅求が原因である。むろん満洲が平和なのは関東軍の厳とした存在感があるからだ。

漢民族が増えて、朝鮮人との対立も増加している。満洲在住の朝鮮人は多く農業に従事している。それはあの「対支二十一ヵ条」で認められていたものである。その小作権を取り上げたり、帰化を強要して巨額の手数料を軍費に回す、朝鮮服の着用のみならず、自由移動の禁止、朝鮮人学校の閉鎖などを政府令として公布する。条約が役に立たないのだ。

昭和二年十二月四日の公布令は、その朝鮮人圧迫の発令源が張作霖大元帥であったことが明確にされたもので、土地の借用期限は一年限り、多額の小作料以外に鑑札料も払う、収穫物の自由販売禁止、水田に自由に水を引けないといったことが大元帥令として公布されたのである。これに対して、日本国臣民である朝鮮人たちは強い抗議と不満の声をあげていた。

こうした無法状態を背景に河本大作の手紙は書かれていることを忘れてはならない。

張学良時代になってから、在満日本人、朝鮮人への圧迫が高まったのではなくて、それは以前からの継続なのだ。もう少し正確にいうならば、王永江が省長として反日活動を抑えていた間はこういう問題も起こらなかったのだ。

風雲急を告げる満洲

張作霖爆殺事件は当時の田中義一政権を揺るがし、その曖昧な解決方法が問題になって、田中は政権を維持できなくなる。また当の河本も関東軍参謀としての任を解かれるだけでなく、軍をやめざるを得なくなる。その代わりとして関東軍参謀として赴任して行ったのが石原莞爾である。

石原は昭和三年十月に赴任するのだが、その途上、西宮にあった里見岸雄の下に宿泊し、別れの挨拶の際に、「満洲をごっそり手に入れてご覧に入れます」との言葉を発して、里見を仰天させたという話がある。

この当時の内田良平も満洲問題に関して強い関心を抱いていた。それは彼の鋭い地政学的認識からであり、張作霖の関内進出に伴う、満洲の支那本部化に対する強い危惧であった。前述したように、それは排日運動の満洲への波及というだけでなく、蒋介石北伐軍がそのまま長城線を越えて満洲になだれ込むことの危険性である。

その認識から彼は、昭和三年三月に、「満蒙問題解決意見書」を政府に提出する。その内容は大正初期から一貫して変わらぬ筋道だったものだった。

もう一つ重要なことをいっておかなければいけない。この張作霖爆殺事件の後、北京に入ってきた北伐軍が掠奪、放火などその伝統の不良振りを発揮し、清朝王家の墓を暴き、西太后の遺体を陵辱し、副葬品の宝石が掠奪されたとの話は、天津に住む溥儀の下にも伝わり、強い衝撃を与えたことは彼の家庭教師だったレジナルド・ジョンストンの回想録 ***Twilight in the Forbidden City***（一九三四年）に出ている。溥儀の心に、漢民族への強い敵意が芽生えたことは想像するに難くない。

易幟を断行した張学良は父の敵を討つように、さらなる排日策を取り続けることになる。その端的な例は日本の満洲における死活的な生命線である満鉄を包囲する鉄道線敷設を次々に計画し、実行に移していったことである。しかし元々これは張作霖時代に東北交通委員会というのが作られ、その方針に基き満鉄並行線となる打通線（打虎山―通遼）が、日本の抗議を無視して作られたことが発端である。それ以来、日本側の憂慮、抗議を無視して満鉄包囲網となる鉄道線が建設され続け、満鉄の独占的地位は崩されることになる。張学良は葫蘆島や営口に港を築き、大連港に運ばれていた荷物の横取りを画策し始めた。当時の新聞には、「満鉄の一小鉄道化」という言葉が見え、日本人の危機感が如実に反映している。実際に満鉄の営業収益は激減するようになった。

昭和五年末に張学良と蒋介石は南京で懇談する。そこでは満鉄に対する強硬手段が話し合われたとのことも仄聞され、心ある日本人の危機感は強くなっていった。しかしこういう急変する事態に対して、仙石満鉄総裁も幣原外務大臣も危機意識を持っていないかの如くに見えた。同じ昭和五年末には、中国側に鷹揚な態度の仙石総裁に対する辞任の要求が満洲日本人社会で起こされた。また幣原外相は張学良に対し、融和的「共存共栄」態度で対処し得ると考えていた。

翌六年早々には、内田良平配下の片岡駿は満洲に向かう。

石原莞爾の当時の満蒙問題に関する考えは、「満蒙問題私見」（昭和六年五月）に尽きると考えられる。端的に彼は唯一の解決策は「領有化」であると断言する。日本の国防は北のロシアに対することと南方の英米の海軍力に対するものとの二方面があるが、満蒙問題の解決によって始めて南方の備えに万全を期することができる。「満蒙ヲ我領土トナスコトハ正義ナルコト」とはっきり彼は書く。その根拠はこの四半世紀の中国社会の混乱と無秩序への彼の絶望であった。漢民族が近代国家を作り得るかはすこぶる疑問だとして、日本の治安維持の下に自然な発展を図るほうが彼らのために幸福だと結論づけたのである。

また「朝鮮ノ統治ハ満蒙ヲ我勢力下ニ置クコトニヨリ初メテ安定スヘシ」といい、これは末永節の大高麗国の構想と重なり合うものだ。

むろん満蒙の資源価値もあって、その開発は日本国内の食糧問題の解決、先進工業国家への発展、有識失業者の救済、不況対策にも寄与するという。同時期に書かれた別の文書には幣原の言葉と同じ「共存共栄」なる言葉が使われているが、それは領有後の方針としてそうあらねばならぬということである。

漢民族、朝鮮民族、そして日本人、それらの幸福追求を妨げている張学良政権の「在満三千万民衆ノ共同ノ敵タル軍閥官僚」を打倒することは日本の正義であり、そのためには必要ならば、「謀略ニヨリ機会ヲ作製シ軍部主動トナリ国家ヲ強引スルコト必スシモ困難ニアラス」との結論に彼は達した。大正時代の彼の手紙には「正義の力が足りない」との文言があるが、満洲事変直前において彼は日蓮主義の内的理解の深化とともに、力強くその「正義の力」の行使を自分に許したのである。

なお事変最中の昭和六年十一月、彼が領有案から独立国家案に変わる頃、チチハルの旅館で山口重次は石原にその領有案の内容を尋ねている。それは日本が武力で国防と治安を担当し、三千万民衆の信頼する政治家をして簡明直截な王道政治を実施させるというものであったという。

満洲事変直前の七月半ばから一ヶ月、政友会の重鎮代議士となっていた森恪は満洲各地の視察に出かけている。万宝山事件その他の頻発する不祥事件の調査とその対策のためである。むろんここで彼は関東軍の首脳と会い、石原参謀に対しては瞠目する思いをしたことを、後に石原の側近となる浅原健三に語っている。浅原は森を十九歳のときから知っていた。浅原が満洲事変後、石原に近づいていくのは森の紹介もあったからである。

森は昭和二年の蒋介石軍の北伐過程で揚子江流域に住む三千名を越える日本人居留民が全員一旦帰国しなければいけないほどの大損害を被った「南京事件」で、民間被害者の陳情を直接聞いていた外務政務次官であった。被害者たちは路頭に迷っている多くの仲間の救済を望むだけでなく、断固とした対中外交姿勢を日本政府に要求したのであった。森はそうした対策をも念頭に置いた「東方会議」をこの年の六月から七月にかけて主宰する。この会議で決められた「対支政策要綱」では、居留民の生命財産を守るためには武力も辞さないことが決められた。こうした事情を被害者たちにも伝えていたらしい（『もうひとつの南京事件』参照）。

この政策要綱の趣旨から、田中内閣は翌年の蔣介石の北伐再開に合わせて山東出兵を断行するのである。そこで日本軍と北伐軍の間で衝突が起きて「済南事件」となるが、あくまでこれは居留民の安全のために行ったものである。

こうした外交政策の中心にいたのが森恪であった。このような居留民の保護は満洲においてもなされなければいけない。しかしそうして赴いた満洲には、自分の考えをはるかに越える構想を持って満洲問題の解決を図ろうとする石原という参謀がいたことに森は驚嘆したのである。

満洲事変勃発

昭和六年九月十八日夜、奉天郊外の満鉄線沿いの柳条湖で線路が爆破されるという事件が起きる。関東軍が出動し、張学良軍との間に戦いの火蓋が切られる。これは石原、板垣両参謀を中心にした謀略によるものであった。彼らはこの爆破事件が張学良軍によるものだと偽装し、全満洲からの彼らの放逐を決断、断行したのである。

後に石原と親しくなる中山優博士は、昭和十三年の頃石原に率直に尋ねている。「あれはどちらが先に仕掛けたのか?」石原ははっきりと、「日本側です」と答え、当時の雰囲気は枯れきった森林のようなものであり、ちょっとした事が起きても一遍に火がつくようなものだったとの卓抜な比喩を用いて話した。

これが真実である。九月十八日前後のことをいくら詳しく詮議してもたいした意味はない。日露戦後からの満洲の地政学的意味、歴史的経緯を総合的に判断して、満洲事変の意味を考えなければならない。謀略が悪いというなら、辛亥革命当時からの中国人や蒙古人たちと共闘してきた満蒙独立運動自体が謀略の連続であったのではないのか。

また石原の持する日蓮主義思想からいうなら、これは満洲軍閥に対する「折伏《しゃくぶく》」であり、やむを得ず振り下ろした「降魔《ごうま》の利剣《りけん》」であろう。彼は宗教上の師である田中智学から若い時代に「殺人剣を活人剣に変えよ」といわれたことがあるという。政治的、軍事的にいうなら、満洲の治安の確立であり、そのための最小限必要なことをやっただけである。

以下箇条書き的に、建国までの経緯を書いておこう。

早くも九月二十二日には、満蒙を領域とする宣統帝溥儀を擁立した政権を作ることが関東軍首脳で話し合われている。また満洲側の政権参加者の名前に張景恵、煕洽、張海鵬らの名前が挙がっているが、彼らは後の満洲国を最後まで支えた重鎮たちである。煕洽の地元である吉林省は事変後九月二十八日には独立宣言を発している。張海鵬も挙兵する。

復辟派の要人である羅振玉は事変後すぐに奉天に出向き、板垣大佐に宣統帝の擁立を申し述べている。関東軍は川島浪速に天津在の溥儀との連絡を要請する。

十月八日には、錦州にある張学良仮政府庁舎に対する爆撃。この飛行隊には石原参謀も乗っており、これは世界を震撼させた。また当時満洲青年聯盟理事長だった金井章次はこの頃、石原から青年聯盟の五族協和の独立国家案に賛成するとの言葉を聞いたという。

十一月十三日には、溥儀が天津を脱出して営口に上陸する。十一月十九日には、関東軍は北満のチチハルを占領、反旗を翻していた馬占山を敗走させる。

十二月十一日、若槻内閣瓦解。安達謙蔵内務大臣が関東軍に好意を寄せ始めたために、閣内不統一となったのである。同時に犬養毅内閣誕生。

昭和六年末には関東軍の錦州攻略。年明けに占領。一月二十八日には、北満の要衝であるハルビン出撃命令。二月五日、ハルビン進駐。

そして三月一日、満洲建国と溥儀の執政就任。わずか半年の間に満洲国は作り上げられたのである。

必要十分条件を満たす満洲建国

満洲建国は単に関東軍の暴走、中央軍の意向を無視した強引なやり方でなったものとの簡単な非難で片付けられるものではない。過去四半世紀の間に煩わしく、うずたかく積み重なっていた諸問題、懸案の解決にはこうした方法しかなかったというのが実情だったのである。

なおかつ以下に述べるような合理的要因によって建国運動は順調に進み、わずか半年でも可能だったのである。

内田良平は満洲事変の頃、病躯を押して東京から東北、近畿、九州と巡りながら、満蒙問題の解決を訴えていた。そしてまさに事変が起こったその日、九月十八日に「満蒙問題と日本の天職」という小冊子を刊行している。そこには満蒙の主権はむしろ日本にあるという主張を展開している。

日露戦争に日本が勝利した結果、清朝政府がロシアに付与した満蒙の権利は日本が継承している、その後清朝が崩壊し、満蒙の主権がどこにもないとなったとき、その権利継承権は当然日本にあるというのである。また逆に民国政府は満蒙に対し何の権利もない。支那本部と満蒙を合わせた領土に満洲人の養子を迎えて清王朝を作っていたわけであり、その養子を革命によって追い出した後にその元々の満洲における財産をも取り上げるというのは理屈に合わないという。

これは筋道だった論理であり、日本が満蒙を領土化すること、あるいは満洲の故地に清王朝の末裔を迎えて国を作る＝復辟の合理的根拠が示されている。溥儀の漢民族への反撥を考慮に入れてもよい。レジナルド・ジョンストンもまた満洲にその王朝を再建することの合理性をあの著書で説いている。というよりもそのことを主張するためにこの本はできているのである。ちなみに彼によれば、復辟に一番反対していたのは共産主義にかぶれた学生たちであったという。

また内田は露清密約のことを取り上げている。これは一八九六年に結ばれたもので、内容はいずれかの国が日本と戦争状態に入るときには、もう一方は日本に対して戦う義務を負うというものだった。これは日露戦争という形で実現しているわけで、清朝は日本に敵対していたと同じことだ。であるならば、実際の行動は起こさなかったにせよ、清朝＝支那に満蒙の所有権は全くないというのが彼の論理であった。この密約は期限が切れた後のワシントン会議の中で明らかとなった。ロシア側の当事者はウイッテであり、その辺の事情を回想録に載せている。

内田にとっては、「九ヶ国条約違反」という非難など全く意味がなかった。この密約問題で、国際聯盟における満洲問題審議で松岡洋右代表は満洲全部の譲渡を要求してもいいのだと主張した。これに対して中国代表の顧維鈞は、これは朝鮮を救い、日本の満洲侵略を防止するためのものだと反論しているが、屁理屈以外の何物でもあるまい。

三番目の合理的根拠は、先に述べた王永江の流れを汲む于沖漢や袁金凱が建国運動に大きな功績を残したことでも判るように、「保境安民」の具現化として満洲建国が位置づけられることだ。

第四に反共の防波堤としての満蒙建設である。これは日本の安全保障政策でもあり、日本の強い主導権が満蒙に確立されるのを最も恐れたのはソ連であった。

このことに関して象徴的な出来事が起きている。満洲事変はその後上海に波及して第一次上海事変となるが、その上海には尾崎秀実やゾルゲ、アグネス・スメドレーらの国際共産党員がいた。彼らは満洲事変に驚愕し狼狽した。それは関東軍の行動が労働者の祖国、ソ連国内まで展開するのではないかという危惧だったのだ。彼らは協議し、仲間である川合貞吉が奉天まで密かに調査に出かけている。

尾崎やゾルゲの行動がその後活発化するのは偶然ではない。彼らにとって満洲国の存在は目の上のたんこぶであり、コミンテルン活動に不都合な癌細胞であった。それはどんな手段をもってしても切除しなければならない悪性の病巣だったのだ。

支那事変後に、日本の針路が南進か北進かで問題になったとき、彼ら＝尾崎、ゾルゲは南進策で動いた。それが成功したとき、彼らはソ連を救ったといえるのである。川合貞吉もゾルゲ事件で捕われた一人である。

石原莞爾が作った東亜聯盟にも尾崎は近づいてきている。

和田耕作という戦後民社党の創設に参加した政治家がいる。彼には戦前東亜研究所に勤めながら、「昭和研究会」に加わっていた時期がある。あるとき昭和研究会が石原を呼んで話を聞いたことがあったと和田は『私の昭和史』で回想している。そのときに尾崎が真っ先にビルマ援蒋ルートを絶つことの必要を述べると、石原が烈火のごとく怒って怒鳴りつけ、座がしらけたという。和田は南進論に尾崎が積極的だったことを書いている。

石原の日記（昭和十四年六月二十九日）に「輿論指導要領中『東亜共同体論ニツキ』ナル馬鹿気タ一項アリ」とある。直ぐ後の七月六日には、参謀本部にいる陸士の同期生、町尻量基に、東亜共同体論は問題だという手紙を書いている。

よく「十五年戦争」という言い方をするが、これはソ連＝コミンテルンの対日「十五年戦争」なのであり、満洲国の崩壊はソ連の十五年戦争の勝利なのだ。

＊　＊

満洲の建国後の推移に対して石原はあまり肯定的ではない。それも「善意の悪政」であったのだが、建国後の彼の理想と苦悩に関しては、本書の姉妹編である『石原莞爾と小澤開作』に詳述することにする。

様々な思惑や試行錯誤、理想と現実、いろいろな民族の夢や不満を交錯させつつ、朝鮮も満洲も動き続けていた。内田や石原の夢や理想をはらみつつ、成長の鼓動を響かせていた。満洲国も朝鮮も、台湾も同じように立派に大きく発展する可能性を持っていたのである。満洲国が健在であったなら中国は共産国家になっていなかったし、朝鮮は独立はしていても分断国家になってはいなかった。当然朝鮮戦争も起こらなかった。

このことは北一輝も『支那革命外史』（大正五年）で指摘している。

「是れ支那の為に絶対的保全の城郭を築くものに非ずや。南北満洲と黒龍沿海の諸州と浦塩斯徳《ウラジオストク》と。

かくの如くにして朝鮮と日本海は始めて泰山の安きを得べし」

優れた地政学的認識だが、この本は舞鶴要塞司令官時代の石原も読み、感心していたものである。

「流石《さすが》傾聴スヘキモノ多シ」（昭和十四年一月二十六日）と。

「泰山の安き」を願わなかったのは誰か？　満洲国の発展を望まなかったのはどこの国か？　答えはすべてこの問いの中にある――。

第二章　石原莞爾とエリザベス・シュンペーター

『日満産業構造論』

ケンブリッジの一エピソード

ジョン・キング・フェアバンクといえば、第二次世界大戦をはさんで、長く中国にコミットし続けたアメリカの著名な中国研究者である。一九〇七年に生まれ、一九三六年から一九七七年までハーバード大学の教員として勤務した。大学の同僚に日本専門家、エドウィン・ライシャワーがいて、同じ東洋研究者として二人は親友同士だった。フェアバンクは一九九一年に亡くなっている。

一九四〇年の頃、アメリカの対日世論は悪化の一途を辿っていた。といっても、中国のために戦争しようとまでは国民世論は熟していなかったといえる。フェアバンクの師であるオーエン・ラティモアは、一九四一年段階でも国務省は日本寄りだと見ていたほどだ。

フェアバンクは戦時中ワシントンの戦略情報局に勤めたり、重慶のアメリカ大使の特別補佐官となったりしているわけで、むろんこの当時から中国寄りの発言を続ける人であった。そんな折も折り、彼はハーバード大学のあるマサチューセッツ州ケンブリッジでこんな体験をしていた。彼の『中国回想録』という自伝（一九八一年刊）から引用する。

「(同じハーバード大学の）尊敬されるオーストリアの経済学者ジョゼフ・シュンペーターの夫人のエリザベス・ブーディー・シュンペーター博士は、満洲経済の研究を進めてきて、日本の膨張には情状酌量すべき要因、あるいは少なくとも因果的な要因があることを知った。彼女が果敢にもこれらの点を心に留めておくべき事実として指摘した時には、ケンブリッジのご婦人たちの中には、鷲鳥のようにシューッといい、私にこの悪女を皆の前でなんとかギューッといわせられないかと尋ねる人もいた」

この後、彼は「中国が良心の泉に訴えかける道義的な問題と化していき、事実は無視された」と書き、彼が中国寄りの言論を展開していても、エリザベス博士の「事実」を基礎にした議論を決して軽視していたわけではないことを物語っている。

これはおそらく大学関係者が集まったパーティか何かの席でのエピソードなのであろう。エリザベスは当時ハーバードのラドクリフ国際研究所に籍を置いていた。むろん夫のジョゼフ・シュンペーター教授も同席していたに違いあるまい。この時期彼は広く江湖に迎えられた主著の一つ、『資本主義・社会主義・民主主義』（一九四二年）の執筆に忙しい頃であった。

彼はマルクスが死んだ一八八三年にオーストリアで生まれている。同じ年にイギリスで生まれたケインズと共に二〇世紀を代表する経済学者として有名である。それはフェアバンクの記述にもあるとおりの尊敬をハーバードでも受けていた。シュンペーターは一九三二年にハーバード大学に請われてオーストリアからアメリカへやってきた。

彼が中心に座ることによって、それまで二流といわれてきたハーバードの経済学のレベルは格段に上がることになったといわれるほどだ。彼はドイツ、オーストリア時代に二度の結婚をし、離婚、死別という不幸な体験をしていた。ハーバードでの教え子であり、彼を尊敬し、献身的に仕えるエリザベスと三度目の結婚をしたのは一九三七年のことである。

満洲建国によって派生した、ある二つの流れ

東洋経済新報社の経営者兼主筆として、大正時代初めから植民地放棄論を唱えていた石橋湛山は、満洲事変からほぼ半年が経ち、満洲建国が具体的な日程になり始めた頃、次のような論説を載せている。

「満蒙における新政権は、東北行政委員会なる名によつて、去七日成立する旨宣言せられた。（中略）記者は、かくて満蒙が幸にいはゆる保疆安民の良土と化さば、支那人のためにも日本人のためにも、はた又世界の人類のためにも、まことに喜ぶべき事だと慶賀する。何卒その然らんことを切に願つてやまぬのである。しかしながらこの新国家は、いふまでもなく昨年九月以来の事変の結果としてはなはだ不自然の経過によつて成立したものである。一言にすればわが軍隊の息がかかり、その保護ないし干渉によつて、辛くも生れ出でたる急造の国家である。（中略）しかし善にせよ、悪にせよ、既に

ここまで乗りかかつた船なれば、今更棄て去るわけにはいかぬ。出来る限りの力を注ぎ、新政権を助け、満蒙を真に保疆安民の楽土たらしむるこそ、避け難きわが国民の責務である」(『東洋経済新報』昭和七年二月二十七日号)。

満洲事変までに日本が支那に対して取ってきた態度を石橋は決して良いものだとは思っていない。それはこの論説のほかの部分を見ても分かることである。ただ満洲事変とその後の西洋列強の反応を見ていて、日本は誤解されている面が多々あるという思いを拭いきれなかったらしい。特に軍事行動の原因となる日本の経済事情の研究に関しては、はなはだ大ざっぱか、あるいは無知に近いものがあると思っていたようだ。そんな認識から、石橋は昭和九年から、『東洋経済新報』の英語版である*Oriental Economist*を発行することにしたのである。

その英語雑誌に興味を示してきたのが、まだこの頃は結婚していないエリザベス・B・シュンペーターであった。エリザベスはその頃、ラドクリフ国際研究所で日本の経済事情を研究するチームの中心となっていた。しかしそれには多くの資料が不足していた。エリザベスは石橋に手紙を書き、日本経済に関する調査に協力を依頼してきたのである。

石橋はこれはいいチャンスだと思った。アメリカの研究者に真実の日本経済の理解者を得ること――これに勝る喜びはないと思ったからだった。彼はエリザベスの要求にできるだけ応えた。極秘に関するものでない限り、たくさんの資料や統計を彼女の下に送り届けた。それらの日本文資料の翻訳には、当時ハーバードでシュンペーターに学んでいた都留重人が大いに協力していたらしい。

そうしてエリザベスは二十世紀初頭からの日本経済を主にした研究に専念し、様々な論文を書き、遂には一九四〇年十一月に、***The Industrialization of Japan & Manchukuo 1930－1940***という全九百頁に及ぶ大著を他の三人の執筆者とともに刊行するのである。代表著者はもちろんエリザベスであり、彼女の意見が主体となった研究書である。邦訳すれば、「日本と満洲国の産業化」となろうか。「population raw materials and industry」＝「人口、資源、そして産業」という副題がついている。

実はこの書物は、日本とアメリカが戦争状態となった昭和十七年から翌年にかけて邦訳本が出版された。タイトルは『日満産業構造論』となっていて、二巻出ている。しかし当時の戦争下の出版事情も災いしたと見えて、二巻でちょうど半分が訳されたのみで、後は未完のままとなっている。

冒頭のジョン・フェアバンクの回想にも見られるように、彼女の日本や満洲国に対する同情的な意見は、当時のアメリカの言論界や大学社会において強い批判を受けることになった。「ファシズム国家を弁護するのか！」というような意見であり、「エリザベスは敵を利する第五列である」とも非難されていたらしい。ともかく日本とアメリカが戦争状態となるほぼ一年前に、轟々の非難を覚悟した上で彼女は敢然とこの書物の出版に踏み切ったのである（以下本稿でも、便宜上この『日満産業構造論』というタイトルを使用する）。

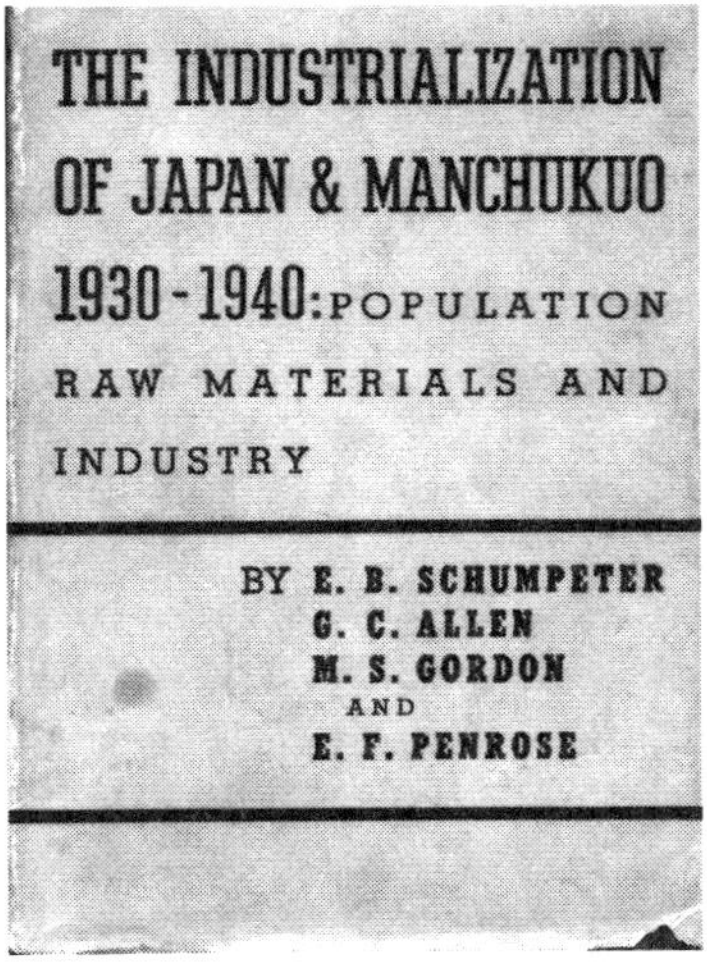

もう一つ、満洲建国で生まれた流れで、エリザベスの議論と重なってくるものを挙げておかなければならない。それは支那本部より満洲を切り離し、満洲国を作り上げることによって確立される治安、そして秩序の安定の中で得られる満洲国発展の構想である。それは石原莞爾と宮崎正義の出

会いによって漸次作り上げられていったものである。

満洲近代化の構想

宮崎正義の生涯とその思想については、小林英夫氏の『「日本株式会社」を作った男　宮崎正義の生涯』と宮崎自身の著書『東亜聯盟論』（昭和十三年）が一番の参考書である。満洲経済の発展については、『満洲国史』が最も詳しい。以下これらを中心にして、宮崎の行動を追ってみる。

宮崎正義は明治二十六年に金沢市に生まれ、中学卒業後に官費留学生として満洲のハルビンに学び、その後モスクワに留学し、一九一七年のロシア革命に遭遇するという日本人として稀な体験をした人である。その後彼は満鉄に入社し、主にロシア関係の調査係となって頭角を現すようになる。若くしてロシア語を自家薬籠中のものにし、社会主義革命に遭遇するという体験にもかかわらず、彼は当時の多くの日本の知的青年たちと違い、コミュニズム思想にかぶれてしまうということは一切なかった。これは彼の大きな特徴であったといえよう。昭和十三年に出した『東亜聯盟論』において、彼は明確、かつ鋭く書いている。

「斯くして露国革命はボリシェウキ一流の暴力による政権奪取により成功し、空前の大社会革命に進展したが、それはボリシェウキの主観に於てはマルクス主義の勝利であらうが、第三者より見れば、マルクス革命理論の顕著なる破綻を示す以外のものではない」

石原莞爾と会ったのは昭和五年秋のことである。石原死後の宮崎の回想文（『石原莞爾研究』第一集）によれば、関東州、旅順の駅に関東軍参謀だった石原が迎えにきたのが最初であったらしい。そのまま関東軍司令部に出向き、軍の幹部を前にしてロシア関係の経済や政治事情を講演したのである。石原が宮崎正義というロシア専門家に何を期待していたかがおのずと伺えるエピソードである。この出会いまでの間、宮崎はソビエト関係の資料や調査記録を精力的に出版する活動に専念していたのである。もちろん石原はそうした研究の成果を既に見ており、宮崎の力量を事前に知っていたのであろう。この当時石原は満洲占領論者であったが、占領後の経済開発のための理論的ブレーンとして宮崎に大きく期待するものがあったのだと思われる。

満洲事変勃発後、宮崎の活動は活発化する。昭和六年末から七年初めにかけて、満鉄調査課と関東軍の参謀ら、つまり宮崎と石原が中心になった「満鉄経済調査会」が設立される。「満鉄」と名を冠していても、満鉄の意向に関係なく進むことが許された機関だった。委員長となったのは、当時の満鉄理事、十河信二であり、彼もまた後に石原の政治的、経済的ブレーンとなった人であった。その部下として宮崎は働くのである。宮崎と十河の交流は昭和二十九年の宮崎の死まで続く。

ここで彼が中心となって研究したことは、日本と満洲を一体とした経済計画の作成であった。一九二九年の世界経済大恐慌後の世界の経済ブロック経済移行に合わせて、日本と満洲を自給自足体制下に置くことだった。またそれはソ連の第一次、第二次五ヶ年計画の実施に表れているような、社会主義経済建設計画を参考に、満洲の経済発展を策したものであった。ソ連の経済計画が成功すれば、それは日本や満洲国にとってはなはだしい国防の危険要因となる。経済発展は国防経済の建設でもあった。ソ連に学んだように、その経済計画は自由主義的なものでなく、統制経済策を採用するものであった。しかし国家戦略面における重要産業を国家統制下に置くというものであり、私企業を廃止するのでなく、ソ連型の純粋統制経済ではなかった。

このことを宮崎は『東亜聯盟論』で次のように述べている。

まず彼は明治維新以降の日本経済が封建鎖国経済から国際経済の領域に入り、目覚しい発展を遂げたことを認める。しかし第一次世界大戦でバブル的頂点を示した後の大恐慌でその発展は行き詰まりを見せた。その特徴を一言でいうなら、「自由主義的商工立国に偏して産業経済の独立性に欠陥のあること」であるという。明治維新までの自給自足経済から脱して商品経済に転換したため、伝統的農業、新たに起った工業部門においても、商品性の強いものに偏った「偏奇」なものとなってバランスを欠いている。特に工業原料と製品の多くを海外市場に依存する工業部門ははなはだ「独立性を欠いて」いる。

大恐慌の後、世界各国が自由主義的調和を破って、猛烈な資源と市場の争奪戦を演じるようになって極端な国民経済の時代を見るようになった。そうした新たな時代に、日本はその根本的弱点である国土の狭さ、資源のなさ、人口の過剰という難問をどうにかして解決しなければならなくなった。「満洲事変は斯る時に恰《あたか》も其要望に解決を与へんとして勃発した」のである。

満洲事変の衝撃は政治、経済、文化思想面に大変なものがあったが、経済面においては「日満経済を単一体に融合し、合理化し、茲《ここ》に自給自足経済を確立せんとする政策が採用せられ」たのである。と同時に自由主義経済が止揚され、国家統制経済が必須のものとなったのであると。

つまり、世界各地でイギリスやフランスはその植民地を囲い込み、アメリカは南北アメリカで経済の閉鎖化を進める。日本もまたブロック経済によって生き残らなければならなくなった。その中心となるのは日本（台湾、朝鮮を含む）と満洲国である。統制を受ける以上、国民の生産や消費は極度の制限下に置かれる。

自由主義経済下においては繊維を中心にした軽工業製品が生産の中心だったが、満洲の鉄、石炭を始めとした豊富な原材料の資源を基に、重化学工業への転換が可能となる。しかし日本と満洲国の関係を「自然の勢に放任する時は、満洲は植民地的存在と化し」てしまうので、「日満経済の連携及結合を合理的に行はんが為には日満間に於ける産業分業政策を樹立する必要」があり、それは国家統制によって可能だとする。

「満鉄経済調査会」の意向が反映された「満洲経済建設要綱」（満洲国政府発表　昭和九年三月）には、国家統制の範囲が示されている。つまり「国防的若しくは公共公益的性質を有する主要事業は公営又は特殊会社をして経営せしめる」。それ「以外の産業及資源等の各般の経済事項は民間の自由経営に委し、唯一に国民の福利を重んじ其生計を維持する為生産、消費の両方面に亘り必要なる調節を行ふ」。

前者の中心になっているのは、満洲炭鉱、満洲採金、満洲鉱業開発、満洲重工業、満洲軽金属製造、満洲石油、満洲林業など次々と設立された国策的株式会社である。かくして後にエリザベス・シュンペーターの『日満産業構造論』においても確認されているように、満洲事変後、日本と満洲国における産業構成は紡績工業などから重化学工業へと大きく転換し、それらに就業する人員も大きく様変わりするようになり、生活の安定も図られるようになってきたのである。

「日満財政経済研究会」

昭和八年になると、宮崎は満洲から東京にその活動の拠点を移す。そして昭和十年八月、石原が仙台から参謀本部に作戦課長として就任してくると、彼の活動は「日満財政経済研究会」という組織として結実することになる。活動費用は石原を通して参謀本部から潤沢に供給されることになり、経済に明るい帝大卒業者を始めとした優秀なスタッフを豊富にそろえることによって、宮崎の日満一体経済研究はさらにその具体化に向って突き進んでいったのである。スタッフの一人として、戦後直木賞作家となった南條範夫（本名・古賀英正、当時東大経済学部助教授）がいる。

この時期に石原莞爾が何を考えていたかを示す貴重な資料がある。参謀本部作戦課長として栄転する四ヶ月前の四月二十三日、故郷山形県鶴岡市で三千名を集めて開催された「非常時と日本の国防」と題する講演会の記録である。彼独自の最終戦争論を講じつつ、今日本が早急になすべきことを次のように述べる。

「前述する如く現在の日本は数百万の失業者を作り、工業機械の約半数を休止させて置いて、経済困難などとかこつて居る事は余りにも間抜けた話であると思ひます。これを動員して生産に活躍せしむる知慧が今の政府と政党にないのであるか。これは要するに資本主義経済機構に於ける一部資本者階級の搾取による農民階級の衰退が、最大の原源をなして居る。政府もこゝに目ざめて資源開発の動力としての国民を失業から救ひ出して、其の経済価値を最高度まで発揮せしめねばならない。（中略）我が国民の経済的能力が十分に発揮させない内に戦争が勃発せんか、それこそ取り返へしのつかない大問題であるのだ。故に日本は東洋に於ける経済的地位の確保を一日も速やかに実現しなければならないのであります」

ここにはこのほぼ二年後に勃発する支那事変を予感していたかのような石原の言があって驚くが、それよりもここでは、宮崎以下を駆使して日満一体の経済活性化によって日本に充満する失業者、衰退する農民を救おうという彼の意志を見ておくべきであろう。

「日満財政経済研究会」の活動は昭和十一年の年頭から始まる。若いスタッフたちの不眠不休の研究、調査作業から結実してきたものは、「昭和一二年以降五年間歳入及歳出計画、付緊急実施国策大綱」（昭和十一年八月十七日発表）である。十二年度以降の歳入の伸びを軍事費のそれを基準にして推定し、計画を立て、生産力の拡充を図るというものであり、もう一方では、現在の内閣制度を廃止して、満洲国にあるような国務院を作り、行政組織の簡素化と強力な政治指導体制を構築しようとする大胆な改革を提案していた。

翌九月には、「満洲ニ於ケル軍需産業建設拡充計画」を作り上げる。鉄鋼、石油、石炭、電気、自動車といった国家戦略的度合の高い軍需産業を満洲に育成し、何年までに何万トンの生産を可能にするというそれぞれの目標を定めたものであった。この計画書は石原の満洲事変当時の部下だった片倉衷（軍務局員）たちによって陸軍省で検討され、石原にももちろん見せられた。片倉はそれを自ら満洲に持って行き、板垣征四郎関東軍参謀長に見せた。これは翌十月になって、満洲の保養地、湯崗子温泉に集まった関東軍、満鉄、満洲国官吏の主要メンバーによって検討され、満洲産業五ヵ年計画の素案となったのである。後の満洲国総務長官、星野直樹とその部下、椎名悦三郎もこれに出席し、星野は回想録『見果てぬ夢』にそのことを記している。

ここでの素案は、翌十二年一月に関東軍で、「満洲産業五ヵ年計画要綱」となって決定され、具体化されることになるが、その前年の十二月に星野直樹らは東京にやってきている。満洲発展の資金はまず日本に頼るほかはなかったからであり、そのための日本政府との交渉に来たのである。しかしその必要資金が当時の二十五億円という巨額なものであったために、大蔵省はなかなか首を縦に振らなかった。日本財政規模でさえ、昭和十一年の歳出総額が二十四億円であったからである。大蔵省は「とんでもない計画」と絶句したのであるが、ようやく翌年三月に政府の対満事務局の承認を得ることができた。

かたや日本では、少し遅れて昭和十一年十一月に「帝国軍需工業拡充計画」が宮崎らによって作られる。これはその月の終わりには、陸軍省案として「重要産業五ヵ年計画要綱」となる。軍需部門（＝国家戦略性）における生産の大拡張がその骨子となっていた。そしてこの日本と満洲国、双方の「産業開発五ヵ年計画」が連携よく（資金面、金融面）合わさってこそ、日満産業の効果的発展が期待されるのであった。

昭和十一年十一月、日本から満洲の首都、新京に、破格の切れ者官僚、岸信介が着任した。満洲国産業部次長という肩書きで、この産業開発計画の中心人物として働くためにやってきたのである。翌十二年四月、総務長官、星野直樹と岸信介の両輪で、「満洲産業開発五ヵ年計画」がスタートする。

「少なくも十年の平和の必要」

石原莞爾がこの日満一体の経済開発を構想する上で、一番の念頭に置いていたものは、彼独自の「世界最終戦争論」という思想に基づくものであった。具体的には東洋王道文明の代表である日本と西洋覇道文明の代表であるアメリカとの間で、それが将来争われることが予想される。その準備のために日本はアメリカに負けない生産力、経済力を作り上げなければならない。しかし日本は資源に乏しい国である。よってその資源は大陸で調達する。大陸＝支那は西洋列強の植民地的簒奪によって疲弊している。その支那を開放し、東洋民族の団結によってアメリカと戦うことは理にかなっている。その第一段階として満洲建国（初期には占領）が彼の計画としてあった。

つまり日、満、支那を中心とした東亜聯盟の結成、それとアメリカとの間での戦争こそが彼のいう最終戦争なるものであった。もちろん満洲国は対ソ防衛のためにも重要な戦略拠点であった。その発展はそれ自体、対ソ持久戦の勝利に結びつく。しかし現在は対ソ面でも遅れているというのが彼の認識であった。

昭和十二年一月には、石原自身が参謀本部作戦課長の身分で飛行機と兵器産業を満洲に進出させるよう要望している。これは彼自身の国防論から来ているものであり、航空産業と自動車産業の遅れが日本の国防の不安要因だとの認識からであった。そのために彼は日産の鮎川義介とも接触していたと『満洲国史』には記してあるが、この時期、石原の意向を受けてだろうが、片倉衷と宮崎正義が鮎川と接触している。片倉は「両人とも鮎川に好意を持った」と回想している。日産の満洲移転、そして「満洲重工業株式会社」への発展的改組はこの年の十二月となる。

とにかくソ連、アメリカに負けない戦争力、経済力を東亜に構築するためには「少なくとも十年の平和を必要とする」との認識を石原は宮崎とともに持っていたのである。

日満ともに産業開発計画が実施に移されてまもない昭和十二年七月、盧溝橋事件が勃発する。石原は不拡大派の中心となって奮闘するが、政治外交面は別として、経済的にはこの産業開発計画に大きな支障をきたす恐れがあり過ぎるからだという強い懸念からだった。余計な紛争に国家が余計な費用をかけてはならない。日本の相手とするべきものはソ連やアメリカであって、支那ではない。ソ連、アメリカとの戦いを究極の念頭に置いて日本は進まねばならない。それが彼の考えだった。

しかし彼の方針は陸軍全体の採用するところとはならず、彼は軍中央を追われて、関東軍の参謀副長として左遷させられることとなる。これ以降、彼が軍中枢部において活躍する機会はこなかった。つまり日本の戦略産業の発展のために未来を見据えることのできる頭脳を日本は失うことになるのである。

しかしまた一方、支那事変の拡大は戦争資材の不足をきたすことになり、この日満の産業開発計画は支那事変遂行のための方策とも化していった。つまり最初は資金要求が大蔵省にとって過大だとの不満もあったが、それは逆に少ないとの事情が発生してくる皮肉な転回も後にはきたすようになったのである。むろんそれは石原＝宮崎の緻密な戦争計画とは裏腹のものであることは違いなかった。

しかし石原＝宮崎はこの事変において、日本側だけが悪いとはいっていない。宮崎の『東亜聯盟論』には、辛らつともいうべき支那＝蒋介石批判が展開されている。彼はいう。事変は望んだわけではない痛苦であり、犠牲である。我々日本人が「この戦火の後に期待するものは、欧米依存から東亜自立へ、容共抗日から排共親日へと、一八〇度の大転換を敢行した更正支那の誕生である」。そして「新しき支那が、東亜聯盟の盟邦として、我国の抱擁に身を委ねるとき、始めて、今次事変の真の目的は達せられ、東亜和平の真の基礎は固められ、大陸に流された尊い血潮は、その全き償ひを受けるであらう」。

支那の欧米依存は根深いものがある。もともと「以夷制夷」「遠交近攻」という伝統的外交手段を操る国柄で、日清日露戦争以降も「日本の勢力を阻まんとして」ロシアを利用しアメリカを利用し、列強に依存しつつ日本に当ってきた。「ジュネーブに於て、ワシントンに於て、我国はこの悲しむべき方策の為に、恰も世界の法廷に引出された被告の如く、尋問詰責を受け」てきた。日本は満洲事変以降、「東亜に於ける自主的行動権の確立の為、（国際――引用者注）聯盟脱退を決行した」が、これに対して支那は「自国に経済権益を有すること最も多く、従って支那に対して最も多くの執着を残す英国と、支那を赤化の土壌として最も適当なりと認め、従って之が母体に深く喰ひ込まんとしつゝあつたソ連とに、専ら依存して、我と対抗せんとした」。「驚くべき誤謬を犯したのである。凡そ目的を達するに用ふべしとせば、手段を選ばないのが支那為政者の常である」。

　そうして支那は「真に己れを亡国より救ひ出すべき唯一の友邦を却つて不倶戴天の敵とみなした」。また「亜細亜全民族の民族的本質に於て、到底容認すべからざるコムミュズムと妥協し、遂には全土を挙げてその頤使《いし》に委ねんとしつゝあるに至つては、実に論外の暴挙と云ふの他はないであらう」。

　もちろん彼は日本人の反省も必要であることはいっている。日清戦争後の「支那及支那人に対する軽侮の念は、児童走卒に至る迄浸み込んで了つた」。これは「最も血縁深き同族の友である彼に対して、正当なる態度ではなかつた」。我国の対支那政策も日清戦争以降、やむを得ないものがあったが、「真の亜細亜独立の大計からみれば、悉くこれ当を得たものではなかつた」。しかし「幸にして満洲事変を契機として、日本は漸く旧式の帝国主義的侵略の愚を悟り始めた。満洲国の独立とその着実な発展と、新しい民族和協の精神こそ、真に東亜諸民族の進むべき道であり（中略）一方、支那もまた、永い混乱の夢から徐々に醒めた。分裂に代つて統一が民族の理想として掲げられた。（中略）だが、惜しいことに、彼等は未だ真に目覚めきつてゐなかつたのだ」。拙劣な欧米依存と抗日、ここに事変の悲しむべき勃発の原因が存しているのであると。

　これ以降の石原莞爾の政治的行動は、彼の東亜聯盟論に共鳴する政治家、軍人、民間活動家の協力を得て行なわれることになる。支那事変の早期解決を求める声は様々な場で討議されることになるが、その思想的中心にいたのは石原莞爾であった。

『日満産業構造論』が意図するもの

エリザベス・シュンペーターという人は、もともと統計学を専門にしていた人らしい。石橋湛山に日本政治、経済の情報、資料を存分に提供されることによって、彼女は当時としては驚くべきレベルの「持たざる国（have — not nation）」日本の経済通となっていった。彼女自身は日本に来ることはなかったが、『日満産業構造論』の共同執筆者であるG・C・アレンやE・F・ペンローズは以前に日本の名古屋高商（現名古屋大学経済学部）で教鞭をとっていたし、この共同研究中にアレンは日本に再来日したこともあるという。そのような同僚からの示唆もあったのだろうし、ライシャワーにいろいろ聞いたこともあるのかもしれない。だが、『日満産業構造論』におびただしく紹介されている日本経済の統計資料を見ていると、彼女の本質はそうした統計資料から見えてくる日本経済の本質ともいうべきものを鋭く見抜くことのできた人であると考えざるを得ないのである。当然それは統計をアメリカ人読者に公開することによって、日本を理解するよすがとしてもらいたい彼女の意向が反映されているに違いない。

まず、この九百頁を越える大著の目次を紹介しておこう。

まず序論として、エリザベスの「日本における政府の政策と経済回復」という論文がある。続く本論は第一部と第二部に分かれている。第一部が三つに分かれ、順にエリザベスの「人口と資源」、ペンローズの「日本、一九二〇年―一九三六年」、そして再びエリザベスの「日本、朝鮮、そして満洲国、一九三六年—一九四〇年」という三百頁強の論文となる。第二部はアレンの「日本の工業　その構造と発展」という三百頁強の論文の後、エリザベスの「産業の発展と政府の政策」という七十二頁の「結論」がつく。それに「付録」として、エリザベスの秘書とおぼしきM・S・ゴードンという女性による「日本における国際収支バランス　一九〇四年—一九三一年」という解説論文が最後にある。

エリザベスの担当している部分は全体のほぼ半分を占めている以上、この大著の主導者は彼女といわざるを得ない。ちなみに前述したように、戦時中に翻訳刊行された分はちょうど半分の第一部までであり、第二部は世に出ることはなかった。

エリザベスの意向と書いたが、彼女はなぜこの大著を刊行しようとしたのだろうか？

彼女が書いた「人口と資源」中に、こんなことが述べられている。

「我々の目的は、特に大恐慌以来の時期に特別に重点をおいて、(第一次）大戦後の日本の人口、食糧そして原材料の供給、工業の発展に関して利用し得べき最も完全な報告を与えることにある。この報告は日本の現状を理解させ、その処理を可能にしなければならない。今日、日本の状態に関しては多くの不正確な、誤った解釈が流布されている。これは非常に多くのプロパガンダ団体が活躍しているからである。それらの団体のほとんどは日本に対して何らかの経済的行動に出ることを欲している。この場合のように多くの感情が含まれている時は、彼らにとっての『望ましい考え』と勝手な誤った解釈が広がるのは避けられないのである」

当時のアメリカ社会を支配していた極東情勢を中国側からのみ見る空気、マスコミに巣食う左翼的言論、親中国、反日的ロビー活動——そういったものに対する彼女の危機感がここに表明されているのである。「経済的行動」とはもちろん石油禁輸といったことを含む「経済制裁」「封鎖」のことである。彼女が危機感を持つのは、日本の社会構造や歴史を経済学的視点から理解することができたからで、そのために日本の当時の政治や軍事行動に対しても、かなりの同情心を持つようになっていたからである。

引用文の少し前にはこんなことも書いている。「このような条件の下にあって、強硬な国家主義者及び軍国主義者たちは、経済的及び戦略的安全は、商品市場及び原料資源地として発展する可能性のある地域を支配することによって得られると確信し、この信念に基いて行動した」と。「このような条件」とは、国家がその存立のために必要とする資源が英米、フランス、ロシア、オランダといった特定の国々によって支配されていること、それを手に入れる方法としての国際貿易が漸次せばめられ、なおかつそれらの国々からの経済報復という脅威にさらされ続けているという当時の現状のことである。「強硬な国家主義者及び軍国主義者たち」というところを、石原莞爾＝宮崎正義と言い換えるなら、これは満洲事変のことをいっていることになろう。

「日本、朝鮮、そして満洲国、一九三六年—一九四〇年」では、欧米諸国が「排他的利益のために植民地原料を統制し、政治的目的のために原料の輸出を禁止することは（中略）危険なことである。そして市場と原料の自由が奪われるなら、（対抗的に）必ず侵略的な領土拡張（aggressive territorial expansion）が行なわれざるを得ない」と述べ、これは今や常識化しつつあるとさえいう。彼女はそこまで日本を理解しようとしていたのである。

エリザベスの世界経済認識

この本全体は主に、第一次大戦後の日本（台湾、朝鮮）、そして満洲国の経済状態を分析したものである。その序論「日本における政府の政策と経済回復」において、まず彼女は第一次大戦後の世界が大きく変容したことの認識の必要性を説く。

「第一次大戦後のベルサイユ条約から第二次欧州大戦勃発までの二十年間に、従来通用され来たった多くの政治理論及び経済理論は、あるいは修正され、あるいは廃棄されるに至った。（中略）従来の国内的及び国際的な経済関係ならびに社会関係は、大戦中及び大戦後に激しい変化を被り、その多くは大恐慌時代に完全に崩壊してしまったのである」

英米のような「植民地的領土と原料資源に恵まれた国々においてさえ深刻な困窮と不安が支配していた。資源と領土に乏しい、産業の未発達な国々においては事態はいっそう深刻化した。（中略）そこには民主主義と資本主義から独裁主義と全体主義への傾向、さらに国際貿易と諸国民の相互依存関係から経済的国家主義とアウタルキー（自給自足経済）への傾向が存していたのである」

むろんこのような国家側に日本も位置していたのである。「相互依存関係から経済的国家主義」という言い方には、恐慌後の世界のブロック経済化ということが示されている。そこにおいて、他国に対する「高率の保護関税、割当貿易、貿易禁止、為替制限」といった経済政策の適用は、「領土と資源の分配に際し、不公平な待遇を受けたと感じていた若干の国々には、動揺と伸びようとする意欲とが見られた」のである。

日本がその代表である。その「伸びようとする意欲」の発現として満洲建国があった。それに北支を加えて、アウタルキーを確保しようとするのである。英米側はそれを理解していない。

「いわゆる民主主義国家群はこれらの運動の背後に潜む基本的な力を認識せず、表面だけを見ている。彼らは経済制裁と軍事力の威嚇によって、侵略を阻止し、現状を維持しようと努めたが、このような威嚇手段を実施に移すことは躊躇していた。自己の力を信じていた彼らは、同盟を結び、金と外国資産を蓄積し、ニッケル、ヘリウム、モリブデン等の戦略上重要な資源を取り上げることによって、未来を思いのままにすることができると信じていた」

いかにも満洲事変後のアメリカが日本に対して取った態度を髣髴とさせるエリザベスの叙述である。

大恐慌は日本のような持たざる国を危機に陥れただけではなかった。アメリカのような資源を充分に持つ国も、その後の経済不況にあえいでいた。その対策として、「彼らは借入金に基く巨額の財政支出によらずしては、大規模の失業を処理することはできないと考えた。非常時は慢性化し、農業と労働の若干の部分は、国の他の部門の犠牲によって補助金を与えられ、特別に保護された。自由企業の支持者たちは社会の敵と考えられ、経済は旧来下の条件ではもはや発展できないと宣言された」。

ここでエリザベスはアメリカにニューディーラーたち、フランスにおいては人民戦線派の経済家たちが登場することになった背景を説明している。

彼ら左翼的経済家たちは下層労働者たちの窮状を救おうとして、時間賃金は維持し、あるいは増加させてもいるが、週の労働時間はますます短縮され、生産は不況以前の状態に戻らなかった。

「民主主義と自由企業とは、それが広範な人民大衆に安全とより大きい物質的幸福を与えることができるように、つまり国民的配当をいっそう適切に分配することができるようにうまく統制されなくては生き長らえない。（中略）ニューディールと人民戦線派の犯した大きな誤りは、生産は維持されなければならないばかりでなく、むしろ増加されねばならないことを彼らが認識できなかったことである。つまり自由放任か、国家による生産と統制かの二者択一ではなかったのである」とエリザベスは批判する。

それのみか、アメリカが十年に亘って緊急の財政支出と統制を試みたに関わらず、一向に経済の回復はなしえていないという事実がある一方で、「全体主義または軍国主義国家においては、フランスやアメリカにおいてよりもはるかに事態は好転しているという事実を」否応なく認めなければならない。つまり日独伊の枢軸国である。

「ドイツ国民もイタリア国民も餓死しているとは見えないし、暴動寸前であるとも認められない。彼らは指導者の背後にあって祖国の将来を信じ、それに希望をかけているように見える。彼らは安全のために自由を捧げた。新秩序を耐えがたく感じているのは少数の知識人、個人主義者、及び迫害された者のみである」

もちろんこのことは英米が民主主義を捨てるべきだということではない。

「経済の領域においては、彼らは成功した非民主主義国の政策と実践から何ものかを学び取ることができるかもしれない。（中略）資本主義は統制されるべきであって、廃止されるべきではないのである。ここにおいて日本の激しい世界不況からの回復と、その経済状態を改善するために非常に大きい障害を克服した努力とは、特別の興味を感ぜしめる」とエリザベスは指摘する。

この点はアメリカで大きく誤解されている。この日本経済の回復期は決して全体主義国ではなかった。特にアメリカの若干の左翼同情者が問題なのだが、有能な学者や著述家たちが日本の発展に不快を感じ、発展が不健全であると信じていたためである。支那事変勃発後、二年ほどで日本経済は崩壊するであろうとさえ彼らは予言していたとエリザベスはいう。

ここに彼女が日本経済の実態とその歴史を叙述しようと思った理由、左翼マスコミのために日本のイメージが不健全にゆがめられていることに対する懸念が表明されているのである。ニューディール政策に関しては、夫のジョゼフ・シュンペーター博士も批判的なのだが、それは後述する。

高橋財政への高い評価

エリザベスは第一次大戦は日本をして強力な海軍国、そして工業国家たらしめたという。しかしその工業力の土台は脆弱なものであり、その産業が大きな進展を遂げたのは一九三一年以降であるという。つまり満洲事変以降ということなのだが、「日本の経済的発展が民主主義国からの後退、及び積極政策への転換と符節を合わせているのは皮肉な現象である」ともいう。これが石原莞爾=宮崎正義の日本と満洲の経済発展計画とその実践を指していることは明瞭である。「皮肉な現象」という言葉を使ってはいるが、石原=宮崎の積極的統制経済計画とその成功を肯定的に大きく評価していることは事実である。

エリザベスは生産は維持されるばかりでなく増加せねばならないというが、日本の場合を次のように見ている。

「日本における恐慌からの回復は工業生産高と就業度の著しい増加、ならびに著しい外国貿易の増加によって特徴付けられる。これらの指数によって計るなら、日本における回復はおそらく世界中のいずれの工業国よりも、より急速であり、より広範であったといえよう。一九三一年の不況のどん底から一九三七年七月の支那事変勃発までに、生産高は二倍、工業就業者は六〇%、外国貿易高は二倍に増加した」

第一次大戦中に商工業が発展したために、賃金、物価、外国資産は増大した。しかし大戦後の受注の冷え込み、大震災による手形の発行、物資購入、それらもろもろの要因が昭和二年の金融恐慌へと結果する。その立ち直りのために昭和四年、民政党内閣によって採られたのが金解禁、デフレ政策であった。金本位制への復帰は必然的に緊縮財政をとらせることになる。健全な通貨体制をもたらさんがための政策であり、翌五年のロンドン海軍軍縮条約では財政的見地からも調印せざるを得ないのは当然だった。しかし同時にそのデフレ政策は農村の窮乏、失業者の増大、企業の破綻、争議の増大などの社会不安をもたらした。

これを劇的に転換したのが満洲事変である。民政党内閣は退陣し、新内閣が発足し、大蔵大臣は老練なる高橋是清であった。彼の取った政策はまず金輸出の再禁止、円の減価策、陸海軍備のための財政支出（内国債による）、低金利策などであった。財政支出は新しい投資を刺激し、私企業の拡張が可能になった。財政支出が巧みにポンプの呼び水になったのである。軍備のための財政支出はその結果としてみるならば、エリザベスが表として掲げているが、大したものではなかった。一般的機械、化学工業等の生産高が一九三三年から三六年までに三十億円から六十億円に伸びているのに比べ、同時期の陸海軍費は五億円から十一億円に増大しただけであると彼女は統計上からいう。

日本が軍事国家になるために膨大な財政支出を行なったと英米では思われているが、その金額に比べるならアメリカが同時期に支出した軍事費はその三倍以上だと彼女は批判するのである。

こうした高橋財政政策をエリザベスは高く評価している。実際満洲事変の年から昭和十二年までに国民所得は二倍以上に伸びたのである。インフレも限度内に抑えていると。これはアメリカのニューディール政策では全くできなかったことであった。国民所得が増えれば財政収入は増加する。よって赤字国債を発行することなく、陸海軍の要求に応ずることもできたのである。

高橋是清は建国後すぐ満洲国の財政の中心人物として日本から派遣された大蔵省のホープ、星野直樹に対し、渡満に際して励ましている。また満洲の道路整備計画に際して日本で国債を発行する件で星野が来日してきたとき、「応援する」と快く引き受けたのも高橋であった。こうした日満双方に財政の練達の人物を配することも、日満財政を連動して円滑に発展させようという石原＝宮崎の計画、方針に沿うものであったことは間違いない。

石原とエリザベスの認識の共有

エリザベスは一九三五年には日本は大工業国になっていると断定している。「重工業の発展は近年における顕著な事実であった。恐慌期以前には支配的な工業といえば、繊維、食料、製陶、製紙工業であった。しかるに一九三五年においては、全工業生産額のちょうど半分、一九三七年においてはその五五％、翌年にはその六一％が金属、化学、機械工業の生産物となっている」と述べる。彼女はその工業発展に驚異の目を向けているのである。これらの基礎計画が石原＝宮崎プランによることなどはエリザベスはもちろん知る由もない。

しかし彼女の認識が石原と非常によく重なってくると思うのは私だけであろうか？　この後に続いて、「これは日本が既に自己の船舶、及び多数の飛行機を生産しうることを意味する。しかし自動車及び部品は輸入に待たざるを得なかった」と彼女は書くのである。

これは石原が鮎川義介を満洲に呼んで、今は脆弱な自動車産業を起こそうとしていたことと通底する。

彼女は「結論」の最終章、「大東亜（Greater East Asia）における日本の産業」において、「支出の多くと原材料の輸入が弾薬や軍備よりも産業発展のためであったことはこの本のこれまでの章で明らかである。産業発展は主に軍需生産に必要な電気、鉄鋼、軽金属、機械工業、化学工業という戦略的産業にあったことは事実だ。それらもまたどんな産業発展にも必要不可欠なものだ。総ての重要な工業国は始めに軽工業からそして重工業へと発展している。これらの試みのいくつかがコストがかかるので、戦争中でなければ着手されなかったというのも真実だ。しかし電気、電気機械、織機、そして重化学工業、これはそういうケースではない。安い水力発電は冶金や化学工業の多くの派生部門でもコストを下げる」といって、日本が軍需産業にばかり手を伸ばしているとは理解していないし、それを弁護している。

「日本、朝鮮、そして満洲国、一九三六年―一九四〇年」では、「同じ化学工業が肥料、染料、そして爆弾を製造する」といい、「平和産業と軍需産業には相互依存性」が存在するし、それらにはっきりした区別は立てられないと述べている。アメリカにおいても、第一次大戦後、生まれたばかりの染料工業に特別の保護を与えているではないかと。

ただ石原の場合、それは高度の国防国家を日満を一体として育成しようという軍事的意図の下にあるものだった。もちろんそれは将来的にはエリザベスの住むアメリカとの最終戦争という目的がある。ではそれを知らなかったエリザベスは余りにも無頓着、あるいはお人好しだったというべきだろうか。そう理解すべきではない。彼女はアメリカを批判しているからだ。

エリザベスは日本が東アジアにおいて、経済ブロックを形成しようとし、アメリカやイギリスの経済圏から独立しようとしていることに対して同情的である。「大東亜」として世界に影響を与えようとしているとして、これも理解している。しかしそのためにはいくつもの困難があると指摘する。その中でも重要なのが支那事変の早期解決とアメリカの極東政策であると指摘する。経済政策というより政治的問題なのである。

彼女は「大東亜における日本の産業」で、第一次近衛内閣の対支那和平策（領土の非併合、無賠償）を評価し、「極東における日本の貿易の拡大は、支那が受諾できる条件での停戦によって非常に促進されただろう。これは日本と支那の間の資源開発の協同の可能性だけでなく、日本に支那だけでなく、アジアの他の国にも市場を開かせるものであった。これらの他の国々は日本の支配の可能性を恐れ、経済的な一貫性は政治的支配の準備段階であるとして、いやいやながら発展を日本経済に頼っている。自由条件での支那との和平はこれらの恐怖や敵意を静めるものとなっただろう」と述べる。

続いて、最終的にこう結論付ける。

「大東亜における日本の産業の未来は、多くの多様性、彼らの政治的な質にかかっているように思われる。もし日本がマレー、タイ、仏領インドシナ、蘭領インドネシアに相互了解の下で政治的支配を試みることなく、貿易を広げることができるなら、これは日本産業にとって素晴らしいことである。もし日本が十分な卓見を持って支那の領土を取る、あるいは政治的支配をせずに支那との間に平和を回復できるなら、もし支那と協同して、支那本部やチベット、新疆、外モンゴルのような外縁地区で西洋の影響を減らすことができるなら、日本が創出できる市場は巨大なものとなる。しかしながら、もし現在の支那での戦争に切りがないならば、日本に有利であろうような支配地区での発展は難しいものと悟ることになるだろう。日本人は大変な犠牲という要求をされているのだ。なぜなら戦争を始めるのはたやすく、賢明で寛大な平和を取り決めるのは難しいからだ」

こうした事変の解決を探求して、それを日本のために良かれと考えていたエリザベスの認識は、支那事変の解決を当初から様々な形で試みていた石原莞爾の考えとほぼ変わらない。宮崎正義もまた「日満財政経済研究会」が実質的にその活動を停止する昭和十五年頃からは、大陸にしばしば出かけ、東亜聯盟のラインでの支那事変停戦の可能性を探っていた。日本敗戦後も彼は大陸にいたのである。

石原莞爾が昭和十五年六月三十日に「支那事変三周年を迎へて」と題し、米原ホテルで講演したときのメモ録から主要部分を引用してみよう。

「事変解決の為には所有手段を尽くすべきは勿論にして、外交上の成功は国民の斉しく喜ぶ所なり。然し積極的外交が援蒋ルートの遮断に成功し、両国抗争力の平衡を破りて重慶政府の屈服を来すことあるとするも、徹底せる支那民衆の抗日意識は之により簡単に解消し得ざること明らかにして、日支両国の心からなる提携を目標とすべき東亜新秩序建設の前途、尚楽観を許さざるものあり」として、新秩序建設のための二条件を挙げている。「新しき世界観に基づく日支提携原理の確立」と「白赤帝国主義者に対し、東亜を防衛するに足る実力の獲得」である。

「新しき世界観」とは彼の最終戦争論であり、それに備えるために個々の国単独でなく、国家連合の共同体としてまとまっていくことである。「実力の獲得」とはもちろんアメリカやソ連に対抗できる軍事力の養成である。そういう点はエリザベスはもちろん知らなかった。しかし彼女はソ連のコミュニズム勢力が（加担する者も含めて）アメリカ世論をかなりな程度に支配していることに批判的であったし、アメリカの極東政策にも批判的であったのだ。「大東亜における日本の産業」には、日米の改善はどうしても支那事変の解決が前提となるといいながら、「一方ではこの改善はアメリカが蘭領インドネシアや仏領インドシナのようなアジアの地域にまでモンロー主義を拡大解釈することから、ある程度まで後退することにかかっているだろう。もし日本とアメリカがともに極東でクレームをいい続けるのなら、戦争を避ける方法を見つけることは難しい」としている。

「アジアにまでモンロー主義を拡大するアメリカ」という言い方に、自国の傲慢さを見ていることは明らかだ。彼女はアメリカのような資源の豊かな国が日本の立場を理解しなければいけないというのだ。「序論」においては、アメリカの門戸開放政策の身勝手さも指摘している。日本が大陸に勢力を伸ばしたのは自身が生き延びんがためであり、アメリカにはそうした切迫感は全くない「持てる国」であった。もしアメリカがこういう傲慢さ、あるいは石原のいう「白色帝国主義」を自戒するならば、石原のいう日米間の最終戦争は避けられるかもしれない。しかしそれは石原理論に従えば、東亜における日本＝東亜聯盟がアメリカと対等、あるいはそれ以上の経済力を実現したときのことであろう。

しかしアメリカはエリザベスのこの著書が刊行された時点で、既にかなりな程度に重慶政権に軍事的にも経済面でも加担していた。この時期の蔣介石の顧問であったオーエン・ラティモアは真珠湾攻撃直前の蔣介石の考えを回想録『中国と私』に紹介している。「もしアメリカに日本との宥和を求める動きがあれば、それは自分の抗日戦における立場をひどく脆弱なものにするだろう」と。蔣介石は自分の身を守るためにも日本と戦い続けねばならなかったのである。

この三すくみ状態を破ったのが真珠湾攻撃であったわけだが、ラティモアは快哉を叫んだ蔣介石の様子を伝えている。石原が「心からなる提携」を求めても、それは所詮不可能なことだったのである。蔣介石は石原のいう欧米帝国主義との提携を選んだのだ。つまり彼も「以夷制夷」の策を使う中国の伝統的な軍閥の領袖であったのだ。
エリザベスの願望もまたこの時点で、雲散霧消したのである。

〈大東亜〉の可能性

エリザベスの東亜の経済繁栄の可能性の認識は先述した「結論」の最終部分にあるが、ここではもっと具体的にどのように日本＝満洲が発展してきたかを『日満産業構造論』の「日本、朝鮮、そして満洲国、一九三六年―一九四〇年」から見ていこうと思う。なぜならそれによって、彼女は最終的「結論」を導き出したのだから。

この長論文は三つの部分からなっている。台湾と朝鮮を含む日本帝国 Japanese Empire と満洲国の農業資源、化学資源、鉱物資源、三つの分野においてその発展がどのようになされているかを具体的な統計資料を用いて論じたものである。

この著作の副題が「人口、資源、そして産業」となっていることからも分かるように、エリザベスは日本内地の人口が毎年約百万人ずつ増加していることに注目している。それは欧米のどの先進国と比べても、最も高い増加率を示しているからである。そしてもちろんこの増加を経済的にいかにして支えるかが日本の課題となっていることを彼女は認識しているのである。内地においては石炭、金、銅を除き、鉱物資源に恵まれないこともよく理解している。

まずは食料である。朝鮮の農業生産額が一九一〇年の併合後から著しく増加し、米や牛の増産が三十年ほどで二倍以上になっていること、また台湾の米の生産もここ四十年ほどで四倍ほどになり、新渡戸稲造の立案になった糖業生産においても、二十倍ほどになり、台湾を代表する産業となっていることを彼女は提示する。またこれらの増加は耕作面積の増加というよりも、科学的農業や耕作方法の改善という方法によっているものであるという。しかし満洲での耕作は畑作、羊毛、牛肉など大規模な機械化農業の可能性があり、既に政府による模範農村の創設を始めとした計画が立てられ、増大する人口に対処し得るであろうと予想する。現に満洲事変以降、内地と台湾、朝鮮との植民地貿易は格段に伸びていた。そのほかにも、木材、綿花などもつまり日満の円ブロックの中で自給が可能と見ているのである。

化学資源と鉱物資源に関することは、それらが日満ブロックによって自給され、重化学工業が可能になるかという問題である。これに関しても彼女は好意的に見ている。タングステン、クロム、モリブデン、マグネサイト、アルミニウム、鉄鉱石、石炭のような戦略的資源の自給が可能であり、頁岩油も開発している。それらを工業化する上での発電にも、日本帝国と満洲国において水力発電（水豊ダム、豊満ダムなど）による巨大な供給能力を持つようになっている。前述したが、軍需産業と平和産業はしばしば極めて密接に関連しあっており、同時に発達する。「このことから重工業が非常に遅れた国においては、軍需工業に重点をおくことは、一般に考えられているような社会的濫費ではないのである」と。

日本帝国と満洲国における産業五ヵ年計画なども彼女は知悉している。そしてそれが実現していけば、日本も満洲も非常に豊かな国になるだろうことを予想している。例えば朝鮮について彼女はこう書く。

「満洲事変が多くの方面に朝鮮の経済発展を刺激したことは疑いない。満洲国と日本の中間にあるために、朝鮮半島はもはや単に食料と原料資源とばかり考えることを許されない。朝鮮半島はこの二つの地方の間の貿易の重要な委託倉庫となり、内地市場と満洲市場に製品を供給するために諸種の工業が起こされた。朝鮮の工業化は低廉な労働力、電力、石炭による豊富な動力資源の存在により、（中略）著しく促進されたのである」

この朝鮮の農業国から工業国への胎動は統計資料によって確実に裏付けられる。

エリザベスは満洲国の発展は支那事変の処理如何だと「結論」でいっているが、それはこの論文でも語られていることの繰り返しである。

「一九三二年の建国から一九三七年七月の支那事変勃発までの間に、満洲国において行なわれた多大の努力とここに投資された巨額の資本とは、直接工業や鉱業の生産高の上には現れていないけれど、おそらくそれらの発展にとって必要な前提であったであろう。現実の成功は通貨制度と財政制度が確立され、交通組織が拡充改良され、新しい発電所が建設され、新しい会社が設立され、新しい生産設備が据え付けられたことである。しかしこれらすべての準備を以ってしても、修正五ヵ年計画の目標が予定された時期の内に完成されることは疑わしい。しかしもし支那における戦争が終わって、日本の動力と資源とが純粋に建設的活動のみに集中されることが可能となるなら、この計画が十年あるいは十五年以内に完成されるという現実的な可能性は充分に存在するのである」

「疑わしい」のは支那事変の勃発とその処理がうまくいっていないことを意味するのだが、事変以前の経済体制確立が順調であったため、事変の遂行が皮肉にも可能であったことを彼女は理解しているのだ。石原＝宮崎プランが事変遂行の土台となっていたのである。

ジョゼフ・シュンペーターのルーズベルト観

このような妻の日満経済ブロック観を夫のシュンペーター博士はどう見ていたのだろうか。妻はこういう意見を著書に書いて公にもし、ファシストまがいの悪口をいわれ続けていたのである。

二人はもちろん経済学者である。経済学の観点からエリザベスは日満経済ブロックを評価したのであり、大恐慌後の経済回復における日本の驚異的な伸びを高く評価していたことが重要なのである。それに比較してアメリカの行なっていたニューディール政策は少しも効力を発揮していないというのが彼女の見方であり、それは客観的にも間違いなかった。一九二九年十月のウォール街の大暴落に始まるアメリカの大恐慌によって一千万以上出現した失業者数はその後十年経ってもさほど変わっていなかったのである。

もちろん一九三三年発足したルーズベルト政権は無策であったわけではない。それがニューディールであり、巨額の財政支出がなされたことも事実である。しかし景気は一向に上向かず、労働者、農民は疲弊にあえいでいた。前述したように、エリザベスが『日満産業構造論』で批判しているのは、ニューディールの左傾化なのである。労働組合の保護法、社会福祉法の確立、富裕層への課税強化といった施策が一九三五年頃から次々と成立していく。そこには下層所得者の保護という大義名分はあっても、肝心の生産拡充を主軸とする経済の回復は結局後回しにされたのであった。

シュンペーターがハーバードの学生にいった有名な言葉に、「不況は畢竟お湿りである」というのがある。彼は資本家=企業家のあるべき性格を極めて象徴的に捉えた。資本主義は動的なものであり、好況と不況を必然に繰返すものであり、不況というのは「革新」＝イノベーションのチャンスであると認識していた。そういうイノベーションをなし得る企業家を社会は必要とするし、また存在しなければいけない。その意味で失業というのは表面上いかに悲惨なことであっても、彼にとっては二義的なことになる。

経済社会内部からの創造的な、挑戦的な実行力と決断力にあふれた少数の指導者的な企業家によって、経済は真の発展を始める。創造的破壊という言い方も彼はする。シュンペーターはこのような企業家を「行動の人」と呼んで称賛した。もちろんこうした革新を可能にし、経済社会を発展、変貌させた人は企業利潤を手にすることができるし、それは称賛されてしかるべきである。

彼はマルクスのように、資本主義に内在する本質的矛盾が資本主義体制を崩壊させるというふうには考えなかった。それとは逆に資本主義の成功が社会主義を到来させるのだと考えた。その資本主義観は数十年というスパンで考えられるものでなく、少なくとも一世紀というような幅と視点を持って考えられた。それゆえに不況に関しては、ある意味で冷たく、公共投資による財政支出などは資本主義の真精神を生殺しにするようなものだと認識した。ケインズの『一般理論』（一九三六年）によって〈ケインズ革命〉が到来したが、そのケインズ理論にも当然彼は批判的だった。第二次大戦後、西側のどの国も執るようになったケインズ的経済政策の試金石というべきものがニューディールである。

その政策実践の頂点に立つルーズベルト大統領に対して、彼は容赦なかった。ルーズベルト政権下に真の資本主義精神の体現者は現れるはずがないと考えていたと思われる。「人工装置によって供給される酸素室の資本主義」というシニカルな見方で彼はニューディールを批判した。

それよりは妻のエリザベスが指摘するように、本当のはつらつとした経済革命はファシズム国家といわれるドイツやイタリア、日本にあるのではないかと考えていたのかもしれない。少なくとも昭和六年に来日して講演を行なってもいる。そこにはドイツ時代のかつての自分の愛弟子である東畑精一や中山伊知郎がいた。彼は日本に好感を持っていたのである。自分の考える経済発展や技術革新を展開し、東アジアの遅れた経済風土をみるみるうちに変貌させていく日本に、真の資本主義精神の体現者を見ていた可能性はある。誰という個人の名前は分からなくとも、日本の中に「行動の人」の存在を見ていたかもしれない。満洲建国はそれこそ「創造的破壊」行為であったのだから。

一九四二年に公刊した『資本主義・社会主義・民主主義』という大著は、戦争中にも関わらずアメリカで多くの読者を獲得した。シュンペーターの主著であり、思想を総合完成させたものである。その中にも強い調子でニューディール政策批判が述べられている。

第二次大戦も半ばを過ぎると、アメリカは徐々に日本を圧倒するようになっていった。本来の国力の差が現れ始め、アメリカの膨大な物量作戦がものをいうようになってきたのである。エリザベスが〈大東亜〉と形容した地域は、まさに政治的にも軍事的にも粉砕されようとしていた。もしかすれば、エリザベスの『日満産業構造論』はルーズベルト政権にとって、日本との戦争対策に活用できる得がたい情報が満載の文献資料となっていたのかもしれない

ルーズベルト政権下のアメリカでは開戦前、日本は軍事大国化するための軍備拡張を行なっていると批判されていた。ある意味でそれは当っているのだが、その当のルーズベルト政権はあまり効果のないニューディール政策を、実際面で軍事方面に転回しようとしていた。それはいわゆる「民主主義の大兵器庫」となることであり、「武器貸与法」による事実上の対独日参戦である。これは膨大な規

模の公共投資による経済の活性化であった。第二次大戦はその意味で不況対策には格好のものであったし、真珠湾攻撃はまさに待望されていたのだ。日米の開戦は石原莞爾の反対意見を聞くこともなく、駐日アメリカ大使のグルーがいったように〝自殺的戦争〟だったのである。両国の国力＝経済力の差は、具眼の士には歴然としていた。

一九四四年の大統領選挙の頃のエピソードである。シュンペーターはあるカクテルパーティで一人の女性に向かい、強烈な皮肉をいったという。「もしヒトラーが大統領候補に、スターリンが副大統領候補に立候補するなら、私はルーズベルトの対抗馬に投票できるのですが……」と。

共和党候補のデューイは選挙の争点に、多くの国民の疑問だとして真珠湾攻撃問題を取り上げようとした。「なぜ簡単に攻撃を許したのか」と。マーシャル陸軍参謀総長の必死のとりなしで結果的にそうはならなかったが、R・A・ディヴァインという研究者によれば、当時数百万のアメリカ国民は太平洋の裏木戸から戦争に入るために、ルーズベルトは真珠湾を日本の攻撃にさらしたのだと信じていたという（安藤次男著『アメリカ自由主義とニューディール』）。

冒頭に紹介したオーエン・ラティモアの一九四一年段階でも国務省は日本寄りだという印象と照らし合わせるなら、ここに不思議な暗合を見出すことも可能だろう。

そういうルーズベルトに日本の非難をする資格があるのかとシュンペーターは思っていたのかもしれない。

一九五〇年一月、シュンペーターは亡くなった。弔問のために渡米した東畑精一と中山伊知郎に向かい、エリザベスはシュンペーターの遺稿を整理した後、夫の蔵書の多くを日本に贈りたいと表明した。訪日講演もし、教え子もいる縁の深い一橋大学宛にである。その痛ましくも敗戦を被った国への好意を夫の蔵書贈呈という行為に込めたかったのだろう。満洲国は既に崩壊していた。

シュンペーターの遺稿が『経済分析の歴史』として刊行されるのは一九五四年のことだが、エリザベスは夫の遺著の刊行を見ることなく一九五三年に亡くなった。エリザベスの遺言が実行され、シュンペーターの蔵書五千七百冊あまりが一橋大学に送られてきたのは一九五五年のことになる——。

第三章　石原莞爾と佐藤鉄太郎

日蓮主義者の国防論・戦略論

明治期を代表する海軍軍人である佐藤鉄太郎は、昭和期を代表する軍人、石原莞爾とよくその境遇が似ているといえる。

ともに彼らは山形県の庄内地方、鶴岡出身の人である。海軍と陸軍の違いはあるが、生粋の日本帝国軍人としてその一生を貫いた。そしてまた二人とも日蓮主義者なのである。彼らの鶴岡の後輩である服部卓四郎は、石原莞爾が日蓮の思想に傾いていったのは、郷土の先輩である佐藤鉄太郎の影響ではないかといっている。

それが事実かどうかは判然としないが、青江舜二郎の『石原莞爾』によれば、彼が最初に聞いた日蓮の講話は本多日生であるという。本多は佐藤鉄太郎の日蓮主義の先生であり、田中智学とならぶ近代日蓮主義運動の中心人物である。であるとすれば、服部のいうこともあながち否定することもできないのではなかろうか。

この二人は日蓮主義者としての共通性を持ちながらも、その国防論、あるいは戦略論というものには大きな違いがあった。その違いは二人の昭和史における行動に違いに結びついており、とても興味深いものがある。それを論じていきたいと思う。

佐藤鉄太郎小伝

まず佐藤鉄太郎の人生を簡単に紹介しておこうと思う。

佐藤は慶應二年（一八六六年）に庄内藩の下級武士の家に生まれている。この時期は幕末の激動期であり、戊辰戦争において庄内藩は朝敵となってしまったため、維新後はかなり不遇な待遇に甘んずることになる。

そうした時代に彼ら庄内人の心を支えたものは、維新戦争時の西郷隆盛の仁慈あふれる扱いであった。そうした西郷への敬愛の念から、庄内人によって編集された『南洲翁遺訓』が作られたのである。この西郷への敬愛の念は佐藤鉄太郎にも石原莞爾にも共通するものである。

明治十七年、築地の海軍兵学校に入学。同期生に終戦時内閣の首相であった鈴木貫太郎、小笠原長生らがいた。鈴木は後に述べるように、佐藤の思想をかなりの部分共有するものがある。小笠原長生の妹の艶子は佐藤の妻となっており、佐藤の五女は岡田啓介海軍大将の長男に嫁ぎ、岡田啓介の次女は鈴木貫太郎の弟、鈴木孝雄陸軍大将の長男に嫁いでいるという関係になっている。

佐藤は明治二十年、海軍兵学校を優等の四番で卒業した。明治二十二年、海軍少尉として「鳥海」

に分隊士兼航海士として乗船。明治二十四年、海軍大学校入学。翌年主席で卒業。海軍大尉、「赤城」航海長。明治二十六年、主著『帝国国防史論』のもととなる『国防私説』を書く。

明治二十七年、日清戦争に「赤城」（六一四トン）にて参戦。黄海海戦にて坂元艦長が戦死した後、艦船の指揮を取って戦うも負傷。「赤城」は敵主力艦「来遠」に致命傷を与えるも、満身創痍の体で帰還。

明治二十九年、艶子と結婚。都合八人の子供に恵まれる。明治三十一年、海軍少佐。翌三十二年から三十四年にかけて、イギリス、アメリカに駐在武官として赴任。これは留学も兼ねている。明治三十五年、海軍大学教官。『帝国国防論』出版。翌年十二月、第二艦隊（上村彦之丞司令長官）参謀拝命。

明治三十七年、日露戦争に参戦。蔚山《うるさん》沖海戦および、日本海海戦において赫々たる武功をたてる。上村司令長官が心の平静を保つために常に法華経を誦する姿にうたれ、自らも法華経を読むようになる。

明治四十年、海軍大学校教官。海軍大佐。翌年、主著『帝国国防史論』出版。

明治四十二年、本多日生が中心となって創設された「天晴会」に佐藤も入会。この会は日蓮上人の人格及び主義を研究する団体として出発している。以後佐藤は本多に師事することになる。小笠原長生も入会。

大正元年、海軍少将。軍令部参謀兼海軍大学教官。大正四年八月、軍令部次長に昇任。十月、部長代理を務めていたとき、軍令部の権限拡大を謀ろうとし、加藤友三郎海軍大臣の逆鱗に触れて、十二月に海軍大学校長に左遷させられる。大正五年、海軍中将。翌年の一月、『我が日蓮主義』刊行。

大正七年、本多日生らと労働者の善導を目的とした「自慶会」を結成。同じ年、後に新興仏教青年同盟を主宰し、社会主義的仏教活動をするようになる妹尾義郎の訪問を受けて、交流が始まる。講演、著作と日蓮主義者としての行動が活発になっていく時期である。

大正九年、舞鶴鎮守府司令長官に左遷される。彼は熱心に「八・八艦隊」を主張していたのだが、ワシントン軍縮条約に賛成の加藤海相によって中央から遠ざけられたのである。もうこうなった以上、彼の海軍での栄達の可能性はほとんどなくなった。大正十一年、待命。翌年予備役編入となる。新聞記事を読んだ本多日生が驚き、当惑の思いを述べた手紙を佐藤に出している。

昭和五年のロンドン海軍軍縮条約問題をめぐる問題については、佐藤の周辺は艦隊派と条約派に分裂する。小笠原長生は艦隊派として強硬な意見を述べ、岡田啓介は条約派、鈴木貫太郎は侍従長という重責にあり、加藤寛治軍令部長の上奏に結果として反対の立場に立ったため、条約派という形になろう。佐藤はその間にあって、態度は明確にし得なかった。しかし『帝国国防史論』では、軍備の拡張はどんなにやってもやりすぎることはないと述べている。それが彼の「八・八艦隊」という大正期の主張につながってくるわけで、この軍縮条約に対しても、本音の部分は「国防」という観点から考えれば、艦隊派の言い分を認めるところもあったろうと思われる。しかし艦隊派が東郷平八郎元帥を引出そうとしたことには彼は反対した。昭和天皇が東郷に対して自重するように言い渡したことで、佐藤の態度はおのずと決定せられるものとなったのである。

もっとも佐藤は社会的には功なり名を遂げた名士なのであり、海軍中将として、日蓮の信仰者としての社会的活動は昭和の時代に入っても続けられるのである。昭和七年には、昭和天皇に「孫子」の御進講も行なっている。昭和九年には、貴族院議員に勅撰される。

大東亜戦争が勃発してまもなく、昭和十七年三月四日死去。七十五歳であった。

『帝国国防史論』の構造

『帝国国防史論』は、佐藤鉄太郎が日清、日露の両戦争に従軍したその体験と、世界の戦史を緻密に研究した結果から日露戦後に世に問うたもので、彼の国防論における集大成といってよい。伊藤博文はこれを読んで、絶賛したといわれている。

以下その内容をみていこう。

佐藤が軍人として出発しようとしていた若き日、身に沁みてその国防という問題を意識したのは、明治二十三年、「鳥海」に乗って朝鮮に行ったときのことであるらしい。朝鮮をめぐる日・清のかけひきが緊迫の度を増していた時期であり、彼は清国が朝鮮海峡に根拠地を選定するなどのことを聞いて、強い刺激を受けたという。また豊臣秀吉の朝鮮征伐のときの、朝鮮側の李舜臣将軍の目覚ましい活躍を知ることで、〈攻勢的防御〉という観念を得たのであるともいっている。これが彼の処女作、『国防私説』を書くきっかけになったのである。これから徐々に発展していったものが『帝国国防史論』である。

この全九百頁になんなんとする大著のキーワードは、「制海権」ということである。command of the sea という言葉も使われており、もちろんマハンの『海上権力史論』の影響は強いのであるが、この本が出版されたのは一八九〇年（明治二十三年）であり、その翻訳刊行は明治二十九年となる。佐藤が「制海権」の概念を頭に浮かべたのは李舜臣のことを知ったときからであり、それはある意味でマハンを必要としてはいなかったとも考えられる。少なくともほぼ同じ時期であろうと思われる。この著書が画期的な所以である。付け加えれば、佐藤は李舜臣を倫理的にもネルソン以上の大提督だと賞賛している。

佐藤は国防の本義を「敵をして我を伺ふことが出来ないやうにすること、それがつまり軍備の本義」であるという。敵兵を国内に入れてから、それを撃退するというのは「噴飯もの」である。敵をして一指も触れさせないのが真の国防である。だから、日本の文永、弘安の役、あるいは秀吉の朝鮮征伐における韓国のように、国民が悲惨な眼に遭う（＝元寇の場合は壱岐と対馬に顕著）ようなことは、国防の条件をまったく満たしていないのであると。

これによって彼は、〈攻勢的防禦〉という概念を導入したのである。イギリスには、〈国防の三線〉という思想があって、それは第一に敵国の海岸、第二に海上、第三に自国の海岸において防禦するという考え方である。もちろんその主体は海軍である。

千年前のアルフレッド王の時代から、イギリスはそのような国防理念を持っており、前王のオファ王の「陸に於て安全ならんと欲せば海に於て最優なるを要す」という格言を忠実に履行してきたのがイギリスの歴史なのであると。もちろんその間にはその理念が忘れられた時期もあり、そうした時代は常にイギリスの力が衰えた時代なのである。

イギリスのおびただしい海戦史を調査するうちに、佐藤は戦争が始まるとたちまち敵国の港にある敵艦隊を完全に叩きつぶす事例を多数紹介する。これが攻勢的防御である。そして両国間にある海の制海権を握る。敵を自国に近づけない。そして大陸においてどんな英雄豪傑が出現し、戦いに勝ち、領土を拡張し、勢威を誇っても、それを対岸の火の如くみなし、冷然とその成り行きを見守りながら、顧みない。これは「吾人をして忻慕《きんぼ》して措《お》かざらしむる処なり」と賛嘆するのである。そしてこの姿勢を堅持したことがイギリスをして七つの海を支配する「雄大無類の大国」とならしめたのであると。

他の欧州諸国はイギリスのそのような地勢的天啓を有していない。世界的発展をするためには海洋国家とならなければならないのだが、どうしても国境を接する隣国との争いがたえずある。その故か、海上権力というものの重要性を認識しない。ナポレオンもそうである。海軍をして陸軍が海峡を渡るための橋梁とみなして軽視する。佐藤はナポレオンの最大の敵がイギリスであったことをもちろん知っている。しかし結局イギリスを服従させることはできなかった。それは常にドーバー海峡を始めとした海洋の支配権がイギリスにあったからである。

佐藤はこうもナポレオンを批判する。できるだけ戦わずして艦隊をして海峡を渡ろう＝侵入を謀ろうとしたことであると。これは姑息としかいいようがない。制海権を握るには、まず敵と接触してこれを打ち破らなければならない。ナポレオンでさえも、そうした「雄大なる識見を有せぬ」のである。ドーバー海峡を例えば一昼夜管制せしめ得たとする。そうすれば、多数の軍隊を派遣することが可能だろう。しかしまた制海権がイギリスの手に戻ってしまったら、イギリスに派遣した軍隊は孤立無援であり、どのようにも料理されてしまうのであると。

佐藤は日本も島国であり、その国防の理想形態を同じ海島国であるイギリスに求めるべきだと考えたのである。イギリスが海を隔てた大陸の強国群に対してその国防を全うしたその歴史に学ぶべきであるというのが佐藤の主張である。

佐藤は自分が従軍した日露戦争の海戦をめぐって反省もしている。マハンに直接学んだ秋山真之もまた制海権を重視していたし、戦争開始の最初に旅順港を攻撃したのは、攻勢的防御の最たるものである。そうして陸軍を満洲に大量輸送する。しかし制海権を握ったはずにしても、黄海海戦はあった。佐藤は「内心大《おお》いに喫驚し」たという。またウラジオストク艦隊による通商破壊戦もゲリラ的に日本を不安に陥れている。佐藤はこの艦隊を殲滅すべき任務を帯びた第二艦隊の参謀であった。日本に本当に制海権があったのか？　ある程度敵艦隊を殲滅していたからこそ陸軍の輸送は可能であったのだが、そうでなければ、ナポレオンのようなやり方をしていれば、補給のない満洲派遣軍は悲惨な運命に立ち至ったであろうと。

佐藤にとって、海戦史の研究から来るこの反省は大きな教訓であった。そこから彼は日本のこれからのあるべき国防体制を以下のように考えるのである。

佐藤は日本の陸軍中心主義を批判し、国防における海軍の比重に重きをおく。イギリスと同じである。「海主陸従」ともいい、あるいは「唯海主義」ともいう。「国防論」ともいわず、「海防論」でよろしいともいう。日本が国防のために必要な武力は海軍主体のものであり、陸軍はその補充程度＝陸上移動軍程度のもので構わないというのが彼の主張である。「我国も英国に同《おな》じく海の為に最大なる幸福を得つゝあるのである」。

重要なことは、佐藤が次のようにいっていることである。

「海洋主義の鼓吹が自強にありて征服にあらざるの一事は、英国をして今日あらしめたる最大原因である。国防以外の軍備に力を濺《そそ》ぐが如き二心なかりしは、今日の隆盛を来せる原因中の原因である。其の隣邦仏蘭西の如きは、一時は海洋主義の鼓吹に全力を尽せる時代ありしも、惜哉《おしいかな》征服主義に動かされ遂に失敗に終りしは誠に遺憾なる話である」。

海洋主義は貿易中心主義、征服主義は領土拡張主義という意味だといってよい。「国防以外の軍備」拡張は、「他国をして戒心せしむる」「相互の感情を破り、更に無用なる軍備を競争的に増加するの」やむを得ざる事態に陥る危険があるという。

イギリスは海外の植民地のために派遣している陸軍は六個師団と騎兵一師団程度である。しかるに我国のように、「本国の防御よりも寧ろ満洲方面の鞏固なるを望むが如きことあらば、これ実に冠履《かんり》倒置《とうち》の所為なりと謂はざるを得ぬか」と日本の国防方針に異議を唱える。「吾輩は満洲保全を以て国防とは認めぬのである」とも断言する。

では、満洲防衛は必要でないのか？

そうではない。彼は清国をして防衛に当らせよと説く。清国をして「我国と歩調を一にし、少くとも露国の南下を絶ち支那保全主義と門戸開放主義を貫徹せなければならぬ。最も縮小したる見解に由るも、北門の守護に就ては清国をして自ら之に当るの方針をとらしめなければならぬ。」それができないなら、訓練し、強兵たらしめねばならない。清国に「知らしむるに国防の本義を以てし、海軍再造の議を転ぜしめ、之を其の陸軍に投じ、海上に於ては唯々《ただただ》平和の任務に当らしむべき少数の軍艦にとどめ、其の陸軍を拡張して極力辺疆《へんきょう》の防御に当らしむべき方針を取るは、東亜の平和を維持するに於て不可欠の要諦なりと吾輩は信ずるのである」と。

イギリスが大陸の強国（ほぼ常にフランスである）に対して戦うとき、オーストリアやロシアなどの陸軍国を「使嗾して」同盟国として対峙し、牛耳を取る戦略を用いた方法を我が国も執るべきで、その同盟国なるものは「清韓両国」である。そして両国の牛耳を取って大陸の強国に当るべきだという。

日本が海上的発展に専念すべきという考えは、この大著を通して変わらざる佐藤の信念である。

こうした佐藤の思想は、姻戚関係で結ばれることになった鈴木貫太郎にも影響を与えているようである。鈴木は戦後に書いた自叙伝で、大東亜戦争の無謀性を批判した中で述べている。

「普通の戦略戦術を弁えている者だったら、大東亜の全域にわたって幾百万の軍隊を輸送する為には、海軍が橋をかけねば作戦はできないことくらいは十分弁えておって然るべきであったろうと思う」

それを戦争指導者たちは無視したと鈴木は批判するのである。海洋主義に徹せず、征服主義に陥った報いという批判である。

石橋湛山との比較

佐藤のこの国防論は、日蓮宗の寺から出てきた経済批評家、石橋湛山の思想と関係がなくはないだろうか？

確かに、満洲保全を国防と認めない、イギリスのように海洋貿易で国を発展させていくのがよいといった佐藤の思想は、イギリスの自由党の政策であった植民地放棄の「小英国主義」を日本にも根付かせようとした石橋の考えに近いように思える。

石橋の「小日本主義」は、もともとは経済的観点から彼が持ち出してきたものである。その論調がまとまった形で提議されている「大日本主義の幻想」（『東洋経済新報』大正十年七月〜八月）によって見てみよう。

台湾や朝鮮、南満洲（関東州）などの経済は、日本にとって「量において、質において、むしろ米国や、英国のわが国に対する経済関係以下である」。それは明らかなる数字で示せる。英米、インドなどとの貿易がはるかに大きな利益がある。「貿易の数字により、大体を抑へて、わが大日本主義に執着するの価値なし」。そしてその地域に住んでいる民族から日本は強い批判を浴びている。反感を持たれている。彼らの自治、独立への熱望は変えさせることはできない。領土や勢力圏の拡張を図ろうという大日本主義は既に時代遅れである。

なるほどここまでは佐藤と石橋の一致点を見出すことは可能かもしれない。しかし国防ということになると、著しく異なってくる。次のような石橋の考えには佐藤は首をかしげよう。

「賢明なるはただ、何等かの形で速かに朝鮮台湾を開放し、支那露国に対して平和主義を取るにある。しかして彼等の道徳的支援を得るにある。かくて初めて、わが国の経済は東洋の原料と市場を十二分に利用し得べく、かくて初めてわが国の国防は泰山の安きを得るであらう」

わが国の軍備は他国を侵略する目的で作られているのではない。とすれば、「侵略せられる虞れのない限り、わが国は軍備を整うる必要のない筈」、どこの国がわが国を侵略しよう、「日本の本土のごときは、只やるといふても、誰れも貰い手はないであらう」。

事業を起こすための「資本を豊富にするの道はただ平和主義により、国民の全力を学問技術の研究と産業の進歩とに注ぐにある。兵営の代りに学校を建て、軍艦の代りに工場を設くるにある。陸海軍経費八億円、仮にその半分を年々平和的事業に投ずるとせよ。日本の産業は、幾年ならずして、全くその面目を一新するであらう」。

前半部分の朝鮮台湾の解放は、例えばイギリスが対岸のブルターニュやノルマンディーを領有していたことがあっても、領有それ自体にさほどこだわらなかったように、佐藤も肯定するかもしれない。

しかし後半となるに至っては論外の話である。

石橋のこの提言は、海軍軍縮条約をめぐるワシントン会議が開催されることが決定した時点でのものである。既述したように、佐藤はこの頃、「八・八艦隊」を強硬に主張していた。条約推進派の加藤海相によって、閑職に遠ざけられたほどである。

彼自身、陸軍は必要なしとの持論から陸軍費の削減は主張したが、『帝国国防史論』においても海軍の盛衰は死活問題で、「制海的武力を完備せなければならぬ」という。そしてこれはワシントン会議とも関わってくるのであるが、「米国の如きも、仮令我日本に於て大々的の海軍拡張を行ひたりとするも、これと優劣を争はんか、為殊更《ためことさら》に其の海軍の軍備を同一の比例にて拡張するが如きこと万々これなきは吾輩の信じて疑はざる処である」と当時は述べていたのである。

佐藤は「期すべからざる平和を期し」ともいい、石橋的な楽観主義、安易な平和主義を退けるのである。大正六年に出版した『我が日蓮主義』においても、「戦争は万有の生存上極めて必要なる一条件である」とさえ述べている。

国防の責任を負う軍人として、本土を只でやるという石橋の議論に佐藤が組するはずはないのである。「金甌無欠なる　御国体を無窮に擁護」することこそ、彼の願い、使命だったのである。

さらにいうなら、『小日本主義はリアリズムであったか』という文入務氏の石橋湛山研究書によれば、小日本主義の家元、英国自由党の小英国主義は理念と実際は違っており、自由党内閣のとき（一八八二年）にエジプト征服を断行したり、ボーア戦争のときには少なからざる自由党が之を支持したという。石橋は自由党のそうした側面を無視していたのである。

もっとも石橋的楽観主義、あるいは状況適応主義には現実をありのままに受け入れるところがあって、満洲建国後の昭和十五年に朝鮮、満洲を視察旅行した記録である『満鮮産業の印象』（昭和十六年刊）では、なにをかいわんや、あれほど放棄を主張した満洲、朝鮮が思いのほかに発展していることに驚異の目を向けているのである。

石原莞爾の佐藤批判

石原莞爾は郷土の先輩軍人であり、日露戦争の英雄の一人である佐藤鉄太郎を中央幼年学校時代にはよく訪問していたらしい。

しかしその後任官し、そして陸軍大学校に進むうちに佐藤鉄太郎に対する批判を持つようになる。それは彼の書いたものによれば、大学を卒業し、中支那派遣隊司令部附として漢口に滞在している時期であるらしい。彼自身の批判文を引用しておこう。

「当時、日本の国防論として最高権威として目された佐藤鉄太郎中将の『帝国国防史論』も一読した。この史論は明治以降に書かれた軍事学の中で最も価値があると信ぜられるが、日本の国防と英国の国防を余りに同一視し、両国の間に重大の差異あることを見逭してゐる点は、遺憾ながら承服できなかつた」（「戦争史大観の序説」『東亜聯盟』昭和十六年六月号）

「重大の差異」というのはナポレオンの扱い方であり、石原は日本の立場をナポレオン＝フランスの立場に同一視するのである。前述したように、佐藤は海洋国家として立ち得なかったフランス、あるいはナポレオンの戦略を逆に強く批判している。

石原の有名な「最終戦争論」は、日蓮の信仰と欧州戦史の研究から成り立ってきたもので、ほぼドイツ留学中に完成せられたものである。消耗戦略家の大家としてのフリードリッヒ大王と殲滅戦略の天才・ナポレオンを彼は留学中に重点的に研究する。このドイツのデルブリュック教授に学んだ「消耗戦略」「殲滅戦略」はその後、それぞれ「消耗戦争」「殲滅戦争」と石原によって名称を変えられ、最終的に「持久戦争」「決戦戦争」となった。

石原は日露戦争の日本陸軍の戦略を「モルトケ戦略の鵜呑み」という言い方で批判するようになるが、それはモルトケが殲滅戦略の大家であり、防禦威力の発展という現状を考えれば、本当は消耗戦略で戦うべきだったということなのである。

「最終戦争論」とは、この二種の戦争が歴史上に交互に現れるという弁証法的展開をし、最終的に西洋の覇道と東洋の王道の代表としての日米を中心にした国家間で最終戦争が起き、その後は戦争のない時代＝人類後史が始まるという壮大な展望を持ったものである。そしてそれは日蓮のいう予言、「前代未聞の大闘諍一閻浮提に起るべし」とも重なって、彼の中に強い感激を持って立ち現れてきたのである。

もう一つ、戦争の発展形態が点から線、面、そして最終的に体へと進化するということ、また戦闘単位が、大隊、中隊、小隊、分隊と細かくなってきて、最終戦争段階では、個人となるという着想も石原独特のものであり、彼の戦争論の大きな骨格ともなっている。

石原がナポレオンを高く評価するのは、単にそのポピュラーな英雄性からではない。それまではフリードリッヒ大王に代表される持久戦争＝永く時間のかかった戦争が、ナポレオンが登場することによって、一挙に勝負のつく決戦戦争となったからである。そうした戦略、戦術を生み出したからこそ、また戦争を飛躍的に進化、発展させたからこそ、ナポレオンは評価されるべきなのだということである。石原自身、そうした評価と観点からナポレオン関係の文献などを大量に収集し、日本に持ち帰っていた。

　ではなぜ石原は日本をフランスに、ナポレオン的にみなそうとしたのだろうか？

　それは彼がドイツからの帰国後、陸軍大学校教官として学生に対する講義案として作成した「欧州古戦史講義」（昭和二年）によって明らかとなる。これは後に、『世界最終戦争論』（昭和十五年　後に『最終戦争論』と改題）、『戦争史大観』（昭和十六年　但し発禁）という石原の著書としてまとまったものの原型とみなすことができるものである。

　おもに、フリードリッヒ大王とナポレオンの戦争の形態を論じたものであり、主体はナポレオンである。ナポレオン後の戦略家、プロシアのモルトケ、シュリーフェンなども論じ、第一次世界大戦をもその形態、性質において考察しているが、それらは全体から見れば、補足的なものである。

　もう一つ大事なことは、「結論」として、「現在及将来に於ける日本の国防」はいかにあるべきかが論ぜられていることだろう。それは申すまでもなく満蒙問題である。ここにおける結論（満蒙だけでなく、支那本部の占領。最終戦争における日本の役割、使命も含む）が、この後関東軍参謀として赴任して行った先での、満洲事変という行動につながってくるからである。

　それはさておいて、佐藤鉄太郎と比較するためにも、石原のナポレオン観をみておかねばならない。石原は「フランス革命がナポレオンを生み、ナポレオンがフランス革命を完成したというべき」と『最終戦争論』の中でいっているが、まさに正鵠を射ている。当時全ヨーロッパが君主国であった時代に、共和国革命が暴力的に起こり、国王や后がギロチンで処刑されるフランスに対する反撥と抵抗が強まり、ヨーロッパ諸国による軍事的対仏同盟が結ばれる。その主役はイギリスである。そうした周りの国々に対して有効な措置を取れない革命政府の中にあって、フランスを守り得る天才的軍人として登場してきたのがナポレオンであった。

その後彼が軍事的にだけでなく、政治的にも頭角を現してきたときにも、やはり依然として彼の不倶戴天の敵はイギリスであった。仏英間のアミアン条約（一八〇一年）が破棄され、両国間が戦争状態に入ったのは、一八〇三年である。

ナポレオンは端的にイギリス侵攻作戦を企てる。佐藤鉄太郎のいうように、それは失敗するのであるが、その原因は常に制海権はイギリスにあったこと、海軍の錬度が格段に違っていたことである。そのためにできるだけ戦わずしてイギリス進入策を企てた。その点までは佐藤も石原も認識を共有する。しかし佐藤はそれを姑息である、「児戯に等しき」「詭罔《きもう》的戦略」と批判する。石原はナポレオンはやむなく「詭罔的戦略」を選択したのであり、佐藤が一昼夜でも海峡の管制をなし得たならば成功というのであれば、その可能性は一七九六年のアイルランド遠征軍が敵に発見されずに成功したことで間違いはないと弁護する。佐藤のいう補給の問題に関しては、ナポレオンがイギリスに上陸したら、その日のうちにロンドン侵攻を企てていることで問題はないとしている。またモイレルやマハンの戦略家にしても、成功の可能性はあったと認めているという。

また一八〇五年のトラファルガー海戦の勝利は、イギリスをその後の海の覇権者としたことは間違いがないが、その後二ヶ月も経たないとき、ナポレオンのアウステルリッツの勝利はイギリス首相ピットの生命を確実に縮めたのである、イギリスは海の彼方でのんびりと構えていたのでなく、甚だしく不安に脅かされ、悲鳴を上げていたのであると。

これはその後にナポレオンがなした対英消耗戦略＝「大陸封鎖策」においても同じことがいえる。

これは至難の事業で、このためにナポレオンも敗れたのであるが、イギリスに食料の輸出を厳禁するなどの措置、スペイン遠征などの愚策がなければ、成功した可能性は大であると石原は指摘する。

そしてこの「大陸封鎖策」こそ、支那事変が行なわれている今日、我が国が執るべき戦略に多大の示唆を与えるものであると石原は、『東亜聯盟』創刊号（昭和十四年十月）に載せた「ナポレオンの対英戦争に就て」で述べている。

「日支事変を古い戦争に教訓を求めればナポレオンの対英戦争であり、ナポレオンは日本の立場であります」

ナポレオン当時のヨーロッパは、産業革命を果したイギリスにとっては格好の市場であり、大陸経済を支配し、圧迫し、諸国民は憤慨していた。すなわち今日のアジアのようなものである。

ナポレオンのやるべきことは、そうした諸国民の希望を担って、経済の一体化、民族協和をなすことだった。そうすれば対英戦争は勝つ可能性があった。しかしイギリスは狡猾で、大陸の力をうまく対ナポレオン戦略に使用する。これが現在の「支那」であると。ナポレオンは大陸封鎖を実施するために、やむなくスペイン、ロシアに軍を派遣せざるを得なくなった。それらの国は本来ナポレオンの味方であり、味方を叩いているという意味では支那事変も同じだという考えである。

ナポレオンが書き残しているものによると、ただ周辺の国をやみくもに軍事支配しようとしていたのでなく、実際に〈ヨーロッパの統合〉ということを考えていたようである。自分の代りにそれを実現しようとする者が将来出てくるだろうといっていること、それは一九二三年にオーストリアのクーデンホーフが〈汎ヨーロッパ聯合〉を唱えて相当の反響を呼び、そして現在かなりの程度達成されつつあること、あるいは後世、諸国に大きな影響を与えた『ナポレオン法典』編纂などを合わせ考えてみれば、その統合への情熱ということはただの弁解ではなかろうと我々には思われるのである。石原はイギリスが大陸の力をうまく利用して相互に争わせ、その牛耳を握ることは狡猾であると佐藤とその認識を同じくするのだが、「英国の武功が単に其海上武力のみによりしとするは戦争の本質を解せざるものなり」」(欧州古戦史講義)と佐藤を批判し、十数年前の著書だから、これ以上「追窮しない」と書く。

石原の佐藤批判は、海軍と陸軍の立場の違い、アジア観の相違に根本的な原因があろう。石原は日本、満洲国、支那を合わせた東亜聯盟の考えであり、その意味で日本を陸軍国と考えているのである。ナポレオン時代のイギリスは、支那事変時代では当然アメリカということになる。

佐藤鉄太郎の戦略の実現性について

前述したように、佐藤は想定敵国としてのロシアを牽制するため、陸軍国としての清韓両国を利用せよと説いた。彼が『帝国国防史論』を出した明治四十一年は日本が韓国を保護化した翌年である。二年後には韓国の併合がなされ、さらに次の年には辛亥革命が起こり、清国体制は崩壊する。

仮に李朝体制の韓国が政治的にも経済的にも動揺しない、安定した独立近代国家への道を進んでいっているのであれば、当然日露戦争で韓国は国家として日本と同盟を結び、対ロシアとの戦争に協力をしたことであろう。しかしそれは民間団体の一進会だけがやったことであった。日露戦後の韓国も一向に政治体制は安定せず、民情は疲弊し、日本の保護下におかれざるを得なかった。地政学的にも朝鮮半島は、大陸の力が日本に突きつけた刃の形となっている。日本の安全のためには、朝鮮半島の安定が一番肝要なのである。その力を韓国自身が持たない限り、日本はそこに対して干渉せざるを得ない。それは厳然たる力学である。非情のリアリズムである。危機を感じるリアルな視点を持っていたのは日本であり、韓国ではなかった。

清国にしても、近代国家への胎動はあったにせよ、実情は列強諸国家による半植民地状態に置かれていた。辛亥革命によって新たなる国家への脱皮を図るかに見えたが、政治的内部抗争の激化、軍閥の割拠、相互の闘争などによって、革命の期待を抱いた内田良平、石原莞爾らに失望をもたらしたのである。

佐藤のいうように、軍事顧問として各軍閥に雇われ、例えば支那通といわれるような人たちがいたことは確かである。彼らは誠実な人が多かったろうと私は思っている。しかし彼らは軍の近代化への助言、貢献はなしえても、国家そのものの近代化まではなし得ない。それはあくまで中国人がやることで、例えば佐々木到一という人は、孫文に強い期待を持った。中山服のデザインも彼が孫文に頼まれてやったものである。しかしそれほど期待した孫文も革命半ばで死に、佐々木はその後の抗日暴動（済南事件）で民衆のテロに遭い、殺されかける体験をする。彼は漢民族に決定的失望を感ずる。彼が新たに軍人としての生きがいと高揚感を持つのは、満洲建国後の満洲国軍の育成に携わるときである。ここにおいて始めて彼はおのれの理想とする軍隊を作る希望に満ち溢れるのである。

佐藤鉄太郎の期待する同盟を結ぶべき陸軍国としての安定した支那も朝鮮も、実はどこにもなかったというのが本当ではなかったか。石原が十数年前の著作であり、「追窮しない」というのも、激動する昭和初期の国際情勢に対応が不可能という判断をしたからなのである。

また海洋国家として日本が発展していこうとするとき、その先輩格であるアメリカやイギリスは大正期以降次第に反日的姿勢を強めてくるのである。そのきっかけは第一次大戦で列強が戦争に専念せざるを得ない間に、日本が対支那貿易の多くを独占するようになったことにある。この状態を英米は許さなかったのだ。

アメリカは一九一六年から海軍の大拡張を始める。その想定敵国は日本である。しかしその大拡張をもってしても、日本を屈服させることは不可能との判断のもとに、軍縮という形での日本抑え込み策がワシントン軍縮会議なのであった。

この提唱者は実はイギリスである。アングロサクソンによる世界制覇を確立するために、大西洋・地中海方面はイギリス、太平洋方面はアメリカが握るという密約がなり、アメリカにとっては眼の上のたんこぶである日英同盟を解消するという美味しい餌も含まれていた。佐藤にとって最も大事な日英同盟を踏みにじろうとしたのは、実は彼が国防体制の理想としたイギリスなのであった。さらに彼自身の考える「八・八艦隊」は、英米の方針と対抗するものと思われたのではなかったか？　加藤海相によって閑職へと追い込まれたのは、それゆえではなかったか？

マハンの『海上権力史論』にも佐藤の『帝国国防史論』にも緻密に描かれているのは、他国が海洋国家として発展しようとするとき、徹底的にそれを打ち砕こうとするイギリスの伝統的戦略である。

既にこのことは日露戦争のポーツマス講和会議のロシア側代表であったウイッテが第一次大戦前から書き始めた回想録に書いていることであった。彼には日本側の肩を持つセオドア・ルーズベルト大統領が不可解であったらしい。「日本があまりに勢力を増すことは決してアメリカの利益ではないというヨーロッパの外交家ならすぐに思いつくようなことにもルーズベルトは一向無頓着であったらしかった」。

しかし田久保忠衛氏によれば、アメリカはそれはとっくに承知のことであったようだ。マハンはロシアにとって、日米関係を緊張関係におくことが好都合の戦略であると認識し、それをセオドア・ルーズベルトに建言していたという。時代が変わり、日露戦後のアメリカ海軍の大拡張は、『海上権力史論』に感激したセオドア・ルーズベルト大統領の大号令によって始められる。

ワシントン会議では、支那の領土保全、門戸開放を定めた「九ヶ国条約」が調印されるが、その意図は日本が支那に持っている諸権益を無力化し、代りにアメリカが進出しようという意図の下にできている。

その後英米は支那の排日貨運動を利用するように対日圧迫を強め、支那事変の頃には対支那貿易においても、アメリカが一番となったのである。結果的に日本が押しのけられたということになる。門戸開放から門戸独占である。あるいはアメリカによる支那経済支配といってもよい。一九三八年十一月七日付『ニューヨーク・ポスト』紙は、「門戸開放はもともと欧米諸国が武力で支那に強制したもの」とさえ述べているのである。アメリカの中国専門家であるジョン・K・フェアバンクも「アメリカの門戸開放政策は帝国主義の代替物」とその自伝で述べている。

かくして支那問題をめぐる日米間の対立はアメリカとの開戦となり、それは結局太平洋をめぐる覇権争いということになったのである。佐藤鉄太郎的にいうと、日米の「制海的武力」が正面衝突したのかもしれない。ロンドン条約問題の頃、佐藤の周辺は艦隊派と条約派に分裂した。そして佐藤は結局どっちつかずの態度しか取れなかったのである。

大川周明はロンドン条約締結後、それを日本の屈辱として、「米国の属国となり果てるか」（月刊『日本』）と痛憤している。もちろんこれに対抗する日本の行動が満洲事変であると、大川は後に

『米英東亜侵略史』（昭和十七年）において認識しているのである。

石原の対応策

石原のように、将来における日米の対立は必至と見て、アメリカに負けない「物質力」＝生産力を東亜に作り上げようという戦略論のほうが、実は現実に即していたのではなかったか？

もちろん、実際の日米戦争は時期を早めて実現してしまったのは石原の誤算であり、彼の意図するところでもなかった。彼は十六師団長（昭和十六年三月まで）当時、アメリカとの戦争に明確に反対ののろしを上げていた。中国との戦いを止めることなく、アメリカとの戦いに入る二正面作戦の愚を、当時の部下たち（犬飼總一郎氏ら）に強い調子で指摘していた。石原のアメリカとの最終戦争は、もっと未来の時点（おそらく昭和三十年代半ば）にその構想はおかれていたのである。つまりそれは、東亜における経済力＝生産力拡充がアメリカと同等、あるいはそれを凌駕する時点である。

もちろん第二次大戦で敗戦したからといって、このすべてに日本側が責任を負わされねばならない理由はどこにもない。

石原はある決意を秘めてこう書く。

「斯《かく》の如き軍閥学匪政商等一部人種の利益の為めに支那民衆は連続せる戦乱の為め塗炭に苦しみ良民亦《また》遂に土匪に悪化するに至らんとす（中略）単なる利害問題を超越して吾等の遂に蹶起せざるべからざる日必ずしも遠しと云ふべからず」（欧州古戦史講義）

例えばこういう認識を持つ石原を批判する『佐藤鐵太郎中将伝』の著者、石川泰志氏がいる。「大陸進出は日本の自滅と説く佐藤海軍中将と、大陸こそ日本発展の鍵と見る石原陸軍中将では絶対に相容れない」。「石原が日本民族を『絶対平和』を世界にもたらす偉大なる存在と評価するあまり、他の民族や国家を知らず知らずのうちに過小評価してしまう傾向が強かった」。また『東亜の諸民族が天皇の御地位を心から信仰し得た時に初めて東亜連盟が完成するのである』と明言するようでは、朝鮮民族、漢民族にとっては余計なお世話」。

華文の雑誌『東亜聯盟』が中国で大変な売れ行きを示していたことも、繆斌という東亜聯盟結成こそ、東亜安定の要だと認識していた中国人がいたこと、結果的にその認識によって処刑されたことも石川氏には無視されている。また戦後の大韓民国居留民団の団長を務めた曺寧柱が石原の心酔者だったこと、そして日蓮主義者だったことも視野には入っていない。犬死、徒労だというわけなのだろう。

石原が他の民族を過小評価していたという論断は当てはまらない。それは彼の日蓮主義に反する。石原が日本民族の使命を過大評価していたと石川氏は非難されるが、では例えば佐藤鉄太郎が「日本民族は平和の福音を傳ふべき天来の選民なり」（『我が日蓮主義』）と言揚げするのとどう違うのだろうか？　彼は世界中で神聖の意義ある国家は日本のみだというのである。これだって石川氏の論理からすれば「余計なお世話」ではないのだろうか？

また前述したように、「大陸進出」はアメリカが日本に取って代わろうとしたものに過ぎないのである。それは「興亜」という大義を担う日本には相容れないものであった。

石原は支那大陸の混乱からのみ、軍事的行動を是認したのではない。その混乱に乗じて大陸支配を思想面、政治面から推し進めようとするコミンテルン勢力の脅威もあったことは否定できない事実であった。それに対抗しようとする思想的国防もまた石原の国防論だったのである。大陸だけではない、日本国内においても「マルクス主義は殆んど若き人々を征服せんとするが如き形勢なり」（欧州古戦史講義）という当時の情勢だったことも忘れてはならないのである。

佐藤の『帝国国防史論』の時代、まだそういう切迫した危機感はなかったといえるのである（「大逆事件」は明治四十三年である）。少なくとも昭和の時代には、『帝国国防史論』は改訂の必要があっただろう。

佐藤と石原、二人の日蓮主義者を比較する

ここで二人の比較をするといった場合、日本民族がいかにあるべきかを、国防を担う軍人としてどう考えていたかを問うことにしたい。

佐藤鉄太郎は既述したように、日露戦争の最中に法華経に触れることになった。つまり彼の国防論はほぼその時点では完成しており、それを思想的に精神的に補強する役目を担っていたのが日蓮主義であった。本多日生に師事して、その思想は『我が日蓮主義』（大正六年）を書く頃にはほぼ完成していたと見てよいと思う。

彼はいう。日本の歴史をひもといてみると、支那やその他の諸国と違って万世一系、皇統連綿として続いているありがたい御国体があることだ。君臣の分は始めから決まっており、臣民一同誰一人として天位を簒奪しようというような者はなかった。日本の天皇は天来の君主である。法華経の寿量品において、如来の不生不滅ということが書いてあり、その如来は現実世界に苦しむ衆生を救う使命を担っている。こういう如来に相当するのが現実世界においても「主師親」としての三徳を備える日本

の天皇である。日本の御国体は自然そのままに、神ながらの神聖な国体であり、こういう国はほかにない。

こういう日本の国体が世界にいつの日か理解される日が来る。そのとき「世界は必ず斯くの如き有難い御国体を仰いで、其の下に幸福を享け得ると云ふことにならねばならぬ」。例えば新たな日本の領土となった所の「朝鮮人でも台湾人でも皆帰服して日本人となり、此の新しい御国体を戴いて等しく御恩沢を受くべき機縁があるので、併もそれが今や現実したのである」。

広く大きい心を持って、「我々日本民族は世界人類の為に常住不滅の大君主を戴き、永久の大平和を享けしめんが為に我が日本国の国体を擁護せねばならぬ。（中略）其の間他の国々を教化し徳化して行く責任がある。必ずしも干戈を以て討伐する必要はない、他の国人が其の教に従ひ特に靡いて帰服する様になるのが最も望ましい」。

しかし今世界はひどい有様で、ヨーロッパは第一次大戦で形容しがたい残酷な不道徳なことが行なわれ、また「支那は支那で、動乱又動乱、其の平定の日を知らぬ状態である」。日本のみこのように太平を謳歌できるということは決して偶然ではない。このことを大いに自覚せねばならぬ。

日本には天職がある。「此の世界を憐れむべき状態から救つてやることである。百年千年万年を費やしても救はねばならぬ」。日本民族は自覚せねばならぬ。戦争は避けようとしても避け得ないものであり、むしろ必要なものである。平和のうちに鬱積し、腐朽、糜爛してくるあらゆる情弊を打破するため、社会の面目を改めるために必要だ。世の平和論者のいうように、人力で防止し得るものではない。「武装的平和」ならば可能である。

しかしそうでない平和も一国内であれば不可能ではない。「若し一家一国にも、一定の主宰者ある如く、世界にも一個の主宰者ありて統一したならば、必ずしも、武装的平和の必要を認めぬであらう。少くとも、一家一国の平和を保ち得る程度に於て、世界の平和を維持することが出来るであらう」。その主宰者、つまり「一家一国乃至世界の首長たるべき位地《ママ》は、利害の関係は勿論、凡ての状態に於て、超然たらざるべからざるは無論である」。

禅譲放伐で成った君主は真の君主でない。世界の君民の状態はすべて便宜的あるいは強制的統治者、被治者の関係に過ぎない。「真実に神聖の意義ある国家は、世界中、我が日本国一国あるのみで、他の国々に於ては（中略）到底理想国家を形成するに由なきは勿論である。若しも世界の人類が、真正の君主を戴き、其の絶対作用の下に、美き平和を享けんと熱望するに至らば、皆来つて御稜威《みいつ》の下に帰する外、致方がないのである」。

「日本民族は平和の福音を伝ふべき天来の選民である」。その自覚のもとに活動し、もし足りないところがあれば自己を鍛錬しなければならないという。むろん偏狭なる国家主義に堕してはならない。佐藤鉄太郎は『我が日蓮主義』でこのように説いている。

一方石原莞爾の場合、その宗教思想的骨格は田中智学から来ているといってよいだろう。彼が国柱会に入るのは大正九年のことだが、既に智学の『宗門の維新』（明治三十四年）において、日蓮主義による世界統一の青写真ができているのであり、これに基づいてその後の智学の活動はなされているといっていい。

世界統一とは何か？

「宗教及び世間の緒《もろもろ》の邪思惟邪建立《じゃしいじゃこんりゅう》を破して、本仏の妙道実智《みょうどうじっち》たる法華経能詮所詮《のうせんしょせん》の理教を以て、人類の思想と目的とを統一する『眼業』これ也」。つまり仏教の最高の教えである法華経による世界統一で、日蓮はその「世界統一軍の大元帥也、大日本帝国は正しく其《その》大本営也、日本国民は其天兵也、本化妙宗の学者教家は其将校士官也、事観高妙《じかんこうみょう》の学見主張は其宣戦状也、折伏《しゃくぶく》立教の大節は其作戦計画也、信仰は気節也、法門は軍糧也、斯《かく》の如くにして宇内万邦《うだいばんぽう》霊的統一軍の組織は完成せられたり、大兵将《まさ》に動かんとす、須《すべか》らく先づ内に軍紀を正さざるべからず（中略）日本国は正しく宇内を霊的に統一すべき天職を有す」（『宗門の維新』）ということである。そしてそのために取るべき方法は「侵略的態度」つまり「折伏」である。

　この一見奇矯にも大袈裟にも見える、しかし簡潔明瞭なる物言いに込められたものこそ、近代日蓮主義思想の骨格そのものなのである。本多日生は智学のように宗教活動を軍隊の進軍のようにはたとえないが、日蓮宗門の統一、日蓮門下生が果たすべき世界的使命を強く宣揚するという点では、智学と同じといってよいし、事実二人は行動を共にすることも多かった。

　佐藤鉄太郎の日蓮主義の考え方を智学のものと比べても、さほどの違いは感じられない。あるいは本多でなく智学の影響下にあったとしても、佐藤のような日蓮主義理解は可能であると思う。

　しかし石原莞爾と佐藤の国防論を日蓮主義の観点から比べるとき、石原の場合、佐藤とは逆に日蓮主義の土台の上に国防論が構築されてきたのだといえる。つまり「前代未聞の大闘諍一閻浮提に起るべし」という日蓮の予言と、自らの戦争史研究による戦争の発達、その極まりにおける最終戦争、その時期の一致がどうしても必要になってくるのである。

　そのことで問題となったのが「末法の二重説」である。仏滅年代の詳しい研究によると、日蓮が末法の初めに生まれていなければならないのに、それ以前の像法の時代に生まれたとなってしまう。それでは日蓮は予言者ではなくなる。もちろん「前代未聞の大闘諍」と「最終戦争」の時期もずれてくる。

そこで彼は「観心本尊鈔」にある言葉を利用し、「摂授《しょうじゅ》を行ずる時は僧となって正法を弘持」するときと、「折伏を現ずる時は賢王となって愚王を誡責」するときの二回、末法の時代が現れると解釈した。そうすることで、日蓮の予言と最終戦争の時期とを一致させようとしたのである。

このことは彼の属する国柱会との間に小さくない対立を生じさせた。石原自身はこの主張を強硬に貫こうとはしなかったが、「観心本尊鈔」の解釈の仕方は私のような素人目にもかなりな無理があると思われる。しかし彼がそうせざるを得なかったのは、彼の国防論＝最終戦争論が日蓮主義の土台の上に築かれなければならなかったからである。

彼の晩年、マッカーサーに提出した「新日本の進路」では、最終戦争が東亜とアメリカの間に起るとした見解は甚だしい自惚れ、明らかに間違いだったと謙遜していっている。しかし戦争の発達によって原爆や人工衛星が出現することを予想し、前線も銃後もなくなり、遂には戦闘の指揮単位が「個人」となるという見解は今なお驚くべきものがあり、貴重なものである。

事実彼は湯川秀樹とも交流があった。また戦闘の指揮単位が「個人」となるという予測から、一般国民に戦争学、戦術学を学ばせなければいけない、これは必然的課題だと考えていた。そこから彼の仙台連隊長時代の兵と下士官教育が始まる。目撃していた報知新聞記者、高木清寿の言を引こう。

『兵』に対して幹部としての（戦術的に）教育を実施した」「日常兵と起居を共にする下士官教育は更に一層重視し（中略）修養会を起さしめて、人格の陶冶と戦術の研究を行はわしめた」（『戦術学要綱』）。

戦時中には出版活動を始める。側近の宮崎正義や高木清寿が主宰する、それぞれ「日満財政経済研究会」、「国防研究会」を使って、自身の蔵書から『七年戦争史』、『わが時代の歴史』、『対英封鎖論』、『ナポレオン海戦史』、『ロシア戦役史』（クラウゼヴィッツ）、などを翻訳して「戦争叢書」として刊行、『戦術学要綱』（国防研究会編）は国民一人一人が学ぶべき戦術論として刊行した。側近の一人である田中久（予備役陸軍大佐）の『支那戦争史概論』も石原の強い意向で出たものと思われる。

また彼は「戦争学研究所」と名づけたものの設立を計画していた。その一環として退役後、立命館大学で戦争学の講座を開くことを考えていたのだ。しかしこれは東條陸軍大臣の圧力であえなく頓挫してしまう。

岡崎久彦氏によれば、外国の大学では普通にある戦略論の講義が日本にはなかったし、今もない。陸海軍大学校だけに独占されていたことは大きな問題だったといわれる。石原がやり、やろうとしたことは、こうした岡崎的見地からも先見性を備えていたのだ。

佐藤鉄太郎は最終戦争が起るというようには考えなかった。しかし日蓮主義による世界の統一、御稜威のもとに世界が平和になるという観点では石原と共通している。近代日本には自前の戦略思想＝国防論がほとんど誕生しなかった。その中で佐藤と石原という二人の日蓮主義者が骨太の戦略思想を打ち出し、小さくない影響を社会に与えていたということは賞賛されてよいことだろう。戦後的反戦平和主義風潮が幅を利かし、田中智学的日蓮主義が批判されるようになった結果、日本人が逆にますます戦略的思考を失いかけている今日、このことは我々に大きな示唆を与えるのである。

石原莞爾が深く傾倒したナポレオンは、一七六九年の八月十五日に生まれている。石原が亡くなったのは、昭和二十四年八月十五日である。不思議な因縁というべきであろうか。

（註）佐藤鉄太郎の『帝国国防史論』、石原莞爾の『欧州古戦史講義』はともに片仮名で書かれているが、読みやすさを考慮し、文章に統一性を持たせるために、平仮名に改めている。

第四章　石原莞爾と田中智学
『化城の昭和史』批判

悪意に満ちた日蓮主義理解

『化城《けじょう》の昭和史』という小説は、浄土宗宗務総長も歴任した寺内大吉氏が月刊『エコノミスト』誌に連載し、昭和六十三年に毎日新聞から刊行した上下二巻の昭和史前期を扱った歴史小説である。その中心となっているのは、おもに満洲事変、五・一五事件、二・二六事件までの期間である。

現在は中公文庫でも読めるが、「二・二六事件への道と日蓮主義者」という副題もついている。「日蓮主義者」という言い方は、国柱会の創始者、田中智学が言い出した言葉である。しかし寺内氏がこの小説で使っている「日蓮主義者」とは、相当な〈悪意〉をもって使われ、かつ否定的な意味を

奉天で開かれた満洲建国会議。後列中央に石原。
「南無妙法蓮華経」の文字が見える

含ませられている。

例えば小説の第一行目に「暗黒の昭和史は、柳条湖の鉄路爆破の瞬間に幕を開けた」とあるように、寺内氏は「満洲事変」の首謀者である石原莞爾を徹底的に批判している。それ以上に毛嫌いしているといった方がよい。

また例えば、ベルリンで智学の三男、里見岸雄を迎えた石原の態度を評して、こう書く。

「帝国陸軍のエリート将校が莫大な官費を給付されて遠く欧州へ留学した身が、いったい何をやっているのだろうか。それも相手は去年、大学を出たばかり、親の脛をかじってヨーロッパに遊びにきただけの若造ではないか。軍事研究とは全く無縁、特定な宗教結社の教宣拡大のため連日飛びまわっている」

寺内氏のこの石原に対する強い不快感は戦時中の大学生当時に、昭和七年二月十六日の奉天での満洲建国会議の席上を写した写真を見たことにある。問題はその背景に掲げられた巨大な「南無妙法蓮華経」の七文字にある。寺内氏は「世にも不可思議な装飾」「不気味とも異妖でもある」「特定の宗教結社の集会を思わせる」とこの小説で書いている。どうもこの原体験がアンチ石原の根底にあるらしい。

まずは引用した部分から寺内氏の誤解を少し取り除いておこう。

里見岸雄は、「親の脛をかじって」ヨーロッパに遊びに来たのだろうか。里見の自伝『闘魂風雪七〇年』によれば、里見はヨーロッパ遊学の費用を自ら稼いでいる。法華経講座を開設して講演したり、大学で講座を持って自活している。そして遊学決意と決行の間に少なくとも一年半の準備期間を置いている。むろん遊学費用をためるためである。これが寺内氏への弁解でないのは、里見が自伝を刊行したのは『化城の昭和史』刊行の二十年以上も前のことだからである。

次に、石原は里見と国柱会のために「連日飛びまわっている」のだろうか。石原はベルリンに大正十二年からまるまる二年滞在しているのだが、里見のベルリン滞在は合計してもせいぜい八ヶ月ばかり。里見の『古代日本の理想主義と其発達』(ドイツ語版)の刊行に協力していたのは大正十二年の十一月前後のせいぜいひと月だろう。むろん「軍事研究」をおろそかにしていたはずはない。彼の最終戦争の骨格はほぼこのベルリン滞在中に固まったものであり、彼の鋭い軍事学的感性は、当時のドイツの参謀本部員を瞠目せしめてもいたからである。

寺内氏が石原と里見を批判したければ、この里見の自伝そのものを資料批判してからにしてもらいたい。そうでなければただの中傷である。

また氏は、戦争中に見た建国会議でのお題目の写真を見せてくれた友人から「今度新京に天照大神の建国神社をつくるそうだ」という話を聞き、気持ちが重苦しく沈んだという体験を後書きに書いている。氏は、石原莞爾がいつも満洲国の建国神廟を口を極めて批判していたことを知らないわけではないらしく、小説の中できちんとそのことを書いている。しかしこの後書きから垣間見られるのは、石原に対する複雑に屈折した否定感である。石原のあらゆる言動を否定的に見るといういやらしいまでの不健全さである。

むろんここには、石原が属した国柱会の田中智学への否定意識がかかわっていると思うのだが、それは後述する。

付言しておくならば、当時、満洲国国務院総務庁弘報処長であった武藤富男の回想と推測によれば、天照大神を祀ろうとしたのは、実は溥儀自身の希望であったという。彼は昭和十年に初めて訪日し、日本の皇族と会って感激し、特に貞明皇大后に対しては、母に対するような愛情を感じてしまったらしい。その思い出が彼の脳裏に強く残っていたのだと。つまり「日満一体」だと。

溥儀はまた昭和十五年、紀元二千六百年の式典に参列するために再来日しているが、そのときも貞明皇太后に会うことを楽しみにしていた。六月二十九日、皇太后は大宮御所で溥儀を主賓にした午餐会を催された。そのお茶会の席の模様を渡辺みどり氏が『愛新覚羅浩の生涯』で緻密に書いているのでそれを引用しておこう。

「お茶会の衆芳亭への道すがら（中略）溥儀皇帝は皇太后と並ばれ、坂道になるとお手を取られたという。その茶会に同席した河合玉堂画伯が『席画』を描いている。その絵は、岩の上に立つ母子鳥を墨汁でサッと一筆書きしたものであった。そのイメージは、溥儀皇帝が皇太后を母君のように慕われるご様子……で描き上げた時、溥儀はわれを忘れて拍手したという」

この感激が溥儀に帰国後、建国神廟を創建しようという強い意欲を掻き立てさせたのである。溥儀は幼い頃、母を自殺で失っている。実母の年齢と近く、気高さと美しさを兼ね備えた貞明皇太后に強い憧れを感じたのは無理もなかったろう。

ところで寺内氏は、この巨大なお題目を掲げたのは石原だと推測しているが、実は違う。龍門寺文蔵氏の調査によれば、佐賀の日蓮宗代表、元石栄が本庄繁の許可を受けて壁に掛けさせたものである。元石の意図するところは《敵国降伏の護国大本尊》としてのそれだったという。寺内氏が強い調子で非難する国柱会とも田中智学とも関係がない。氏があまりに不気味だとおっしゃり続けるならば、日蓮関係の宗教団体すべてを相手に回さなければならなくなるのではないだろうか。

小説の構造と私の批判の立場

『化城の昭和史』の主人公であり、事件の狂言回しの役割を演じているのは、尾崎秀実をモデルにした「改作」という新聞記者である。小説ではあっても、これは寺内氏の念入りな昭和史研究の成果という面もあって、相当に詳しい研究成果でもあることは認めなければならない。

一口にいえば、この小説はファシズムと結びついた日蓮主義というテーマを追求しているといえるだろう。例えば氏は次のような書き方をする。

「日中両国の共存共栄が、満蒙三千万無産大衆の楽園が、石原莞爾にあってはナショナリズムを超越した南無妙法蓮華経からみちびき出されるということになる」

このような発想の原型は、橋川文三の「超国家主義の諸相」（昭和三十九年）だと思われるのだが、これは一応置いておく。

さて氏はどのような意味で「化城」という言い方をするのだろうか。これはむろん、法華二十八品の一つ、「化城喩品」から取られているのだが、もう一つ次のような大きな意味が持たせられている。

石原と同じく北一輝が熱心な法華経の行者＝日蓮主義者であったことはよく知られている。北には法華経を読誦する中で浮かんだ霊感を期した日記があって、満洲事変勃発当時の記述に、「海ノ上ニ城現ハル」ト書かれてあることに、氏は注目しているのである。これはまさに、満洲国のことではないかというのである。「化城」――すなわち〈まぼろしの満洲国〉＝「偽満」ということであり、その歴史がまさに暗黒だという認識である。

そして氏は、石原らの柳条湖での謀略が北一輝、井上日召らの他の日蓮主義者に通じていたと推測している。さらに橋本欣五郎らが満洲での謀略に呼応して国内でのクーデター計画（十月事件）を起こそうとしていたという。これは井上日召の証言でもあるが、ほぼ事実であろう。

井上日召は五・一五事件の直前に起きた血盟団事件の首謀者である。この事件で井上準之助、団琢磨らの経済人が暗殺されている。

またこの小説には、二・二六事件の首謀関係者である日蓮主義者の山本又が「死のう団」事件の江川忠治に会ったというほぼ確かな史実も出てくる。江川もまた日蓮主義者なのである。

寺内氏はこれらの昭和初期の深刻な事件の関係者に日蓮主義者が多いのに注目し、彼ら――石原を含めた面々が相呼応するような形で、軍国主義的暴走を始めていったのではないかと想像している。副題に「二・二六事件への道と日蓮主義者」とあるようにである。そしてそれがファシズムと結びつくというわけである。

私は氏のような専門の宗教研究者でも、実践者でもない。仏教、法華経理解はとても及ばないだろう。私が寺内氏を問題とするのは、その昭和史理解の仕方であり、その石原莞爾理解や田中智学と国柱会の理解が歪んだものと思うからである。

一つ十月事件についていっておけば、計画の当事者の橋本や長勇の所属した桜会は日蓮主義団体ということはない。

田中智学の慨嘆

「日蓮主義者」の造語者の田中智学は、むろん彼にとっては否定的だが、徴兵を免れたいがために団扇太鼓を叩いて祈るような人も日蓮主義者といっている。つまり彼にとっては、この「日蓮主義者」という言葉は非常に幅広く解釈されるダイナミックな概念である。

田中智学の「自伝」＝「我が経しあと」は、昭和十一年から翌年にかけてできあがった彼の談話筆記であり、ほぼ『化城の昭和史』の叙述範囲と重なっていて、彼の晩年（昭和十四年死去）の思想がうかがわれ、寺内氏が取り上げている事件へのコメントも散見される貴重なものである。

井上準之助を暗殺した小沼正は、当時まだ二十歳だった。彼は後年『一殺多生』という回想録（昭和四十九年刊）を書いていて、そこには彼や菱沼五郎（団琢磨暗殺者）らの若者たちが一心不乱に、法華経を行じている様子が描かれている。むろん井上日召の指導である。井上が法華の行者になったのは、田中智学の影響である。智学の講演会にも出てきているらしい。

「なんとかしてこの腐敗と堕落、生活苦にあえぐ大衆と社会、国家の不安を打ち開かねばならないという自覚である。ではその方法はどうかと問われれば、日蓮聖人がいみじくも語られた『末法折伏逆化』である。日召先生の（中略）精神こめた祈願は、私たちの熱い血潮に深く浸透し、強いきずなとなってひとつに結ばれた」と小沼は書く。

この本には小沼たちがお題目を行じながら、深い感激と恍惚感に包まれていく過程が描かれている。この「逆化」とは簡単にいえば、つまり〈テロ〉である。もちろん小沼たちは自分たちの行為が単なる「テロ行為」とは断じられたくないと思っている。「私たちはその根底に、法華経のもつ大慈悲を忘れてはいなかった」と彼はいうのである。

しかし実は血盟団事件、それに続く五・一五事件は田中智学に深刻な影響をもたらしている。事件の関係者に旧知の者がいたり、日蓮主義者を自認する者がいたからである。二・二六事件のときも、その中に日蓮主義者がいたということで、深いため息をつくような言葉を自伝に残している。これはおそらく事件後に身延山に参り、その後に自首した山本又予備少尉のことだと私は推測する。むろんその他の反乱軍将校にも日蓮主義者はいたし、北一輝も法華の行者だった。

智学は猛然と、老躯をふりしぼって真の日蓮主義者とはなにかと、五・一五事件後に『日蓮主義新講座』という雑誌を一年間続ける。むろん井上日召らの理解が間違っているとの判断からである。この「講座」は獄中の井上らに国柱会から差し入れがなされている。

智学は日蓮主義は「一人一殺」ではない、「一人万活」でなければならないと自伝でいうのだ。井上らの「折伏逆化」の理解は短絡的、倒錯的だと考えたのだろう。むろん経済不況の大衆への深刻な影響は分かっていた。しかしそのために必要なものは、政策立案、遂行当事者へのテロ行為ではなく、井上準之助や団琢磨らの実務能力を生かすことにあると智学は考えていたのだと思われる。国柱会には伊勢丹の小菅丹治をはじめ、実業家の会員が多くいたのである。それが「一人万活」という言葉に表現されているのだと私は考える。

何度も書くが、寺内氏は石原莞爾だけでなく、田中智学にも国柱会にも強い批判を向けている。しかし私がこうして書いているように、智学は昭和初期の過激に昂進した日蓮主義の動向に対して批判的だったのだ。

美濃部達吉の天皇機関説をめぐって始まった国体明徴運動に関しても、自伝の口調ではその運動の趣旨自体は認めていても、その実体に対しては、どうも違和感が強かったように見受けられる。それは里見岸雄も同じである。彼は「原理日本社」の蓑田胸喜などからその〈反国体的言説〉をしつこく攻撃され続けているのである。

相呼応するような形で、日蓮主義者が軍国主義的暴走を始めていくといった寺内氏好みの、おあつらえ向きの図式は残念ながら成り立たないのである。

智学の国体論

浄土宗者としての寺内氏は日蓮に対して当然批判的である。氏が日蓮を好意的に理解するのは、氏の言い方を借りれば「王仏冥合」「立正安国」説の日蓮でなく、「法華経行者としての内面追及」をする日蓮であり、法然、親鸞的な面の強い佐渡時代である。

だから氏にとっては、田中智学は日蓮の否定的な面を受け継いだ日蓮主義者ということになる。その根拠は例えば、『宗門の維新』の中で智学が高らかに唱えた「侵略的法門」にある。

「日本は宇内を霊的に統一すべき天職を有す」「只侵略の為に祈れよ」

私には、この「侵略」というのは、「摂受《しょうじゅ》」に対する「折伏《しゃくぶく》」と同義でいいと思われるが、それが寺内氏にかかると、「宗教軍隊の進撃譜だ」「田中智学は得意の美文、煽動臭にみちた快適なリズムで皇道ファッシズムを謳歌する」と解釈されてしまうことになる。

『宗門の維新』が出版されたのは明治三十四年である。日清戦争と日露戦争のちょうど半ばである。日本人が日清戦争の勝利に酔う間もなく、「三国干渉」という形で冷や水をかけられた時期でもある。対ロシアとの戦争は必至と思われていた。東洋の弱小新興国、日本は弱肉強食の帝国主義時代のただなかに、頼るものもなく翻弄されていたのが実態であった（隣国の朝鮮、中国の実態、それから他のアジア諸国を見よ）。

圧倒的に押し寄せる物心両面の一神教西洋文明の怒濤に対抗するものを、なんとか自前のものから紡ぎださなければならないと日本人が考えたとき、蒙古襲来時の「危機の思想家」日蓮が、田中智学によって持ち出されてきたのは、ある意味で当然であり、必然ではなかったのか？　高山樗牛らによって、この著書が高く評価された根拠はそういうところにあったのではないか。

寺内氏は日蓮主義にもとづく国体論を智学は練り上げたと書く。そのことはいい。しかしその国体論は言葉そのままでの「侵略」であり、「皇道ファッシズム」であったのだろうか？

智学が自伝を書いている時期、中国においては激しい排日運動が展開されていた。自伝の中で、智学は日露戦争後の日本人の慢心を批判して次のようにいうのだ。

『戦ひ勝ッて驕らざる者は良将の業《わざ》なり』といふ、神武天皇の御思召を体した国民性が充実して居たならば、此の戦ひ破れて屈を甘んじて教を請ひに来た支那人といふものは、実に同情に堪へない。且つ膝を屈し我に学ばうといふのは実に見上げたものであると、讃美を以て迎へてやり、よく来なすッたといふ風にこれを優遇してやらなければならない。それをば計ここに出ずして、学校は授業料をはたり、下宿屋は暴利を貪り、都市を歩行して居ても、支那人と見ると、馬鹿にして、チャンコロチャンコロといッて馬鹿にする（中略）日本人としてさういふことをするのは、気の狭い、少なくも国体の寛容性を理解せざるところから来たるものだ（中略）国体を喪失し、国性の糜爛《びらん》した病的国民は、此の肝心な土壇場に於いて失敗を繰返して支那人の怨恨《うらみ》を買ふやうな、情けないことをしむけたのである」

つまり中国の排日運動の根源をたどれば、心ない日本人の民族蔑視にあるのだというのが智学の認識なのである。

ところで、一九二五年から一九二九年まで北京の駐在公使であったジョン・マクマリーというアメリカのエリート外交官がいる。プリンストン大学とコロンビア大学を卒業した彼は、第一次世界大戦後のアジアの国際枠組みを取り決めたワシントン会議の極東問題のチーフスタッフでもあった。

彼は後に予言的な文書として知られるようになる、一九三五年に書いた「メモランダム」の中で、日本が起こした満洲事変を論評し、日本は一九二〇年代まではワシントン会議の枠組みを守ろうとする国際協調派であったのだが、その死活問題である満洲での強引過ぎる中国側の権益回復運動＝排日運動が日本をして、満洲事変に駆り立てたのだと指摘し、中国が自ら求めた災いだと解釈している。

当時既に本国政府が中国寄りに傾斜していたアメリカの外交官の言なのである。現地の事情をよく知る者の発言であろう。俗にいわれるように、日本がワシントン体制への反逆者だとは彼は考えてはいない。それは実は中国なのであるというわけだ。

こうしたジョン・マクマリーの冷徹な外交官的認識に比べると、智学の理解はこれまたなんと穏健で、謙虚なものだろうか。智学は自分たち日本人の言動にどんな間違いがあったのか、落ち度がなかったかと過去を振り返り、反省しようとしているのである。

寺内氏がいうように、どこが「侵略」思想なのであろうか？

智学は自分のいう「世界統一」というのは「世界を取るといふ意味ではない、世界を救ふ意味だ」とも、「世界各国が互いに相敬し、相愛するに至つて、絶対平和が建設される」とも自伝でいっている。

どこが「皇道ファッシズム」なのであろうか？

智学の構想する「国体」精神とは、かように対他者意識の欠けることのない、日本人の自前の思想から紡ぎ上げられた平和思想なのであった。

寺内氏が想像するように、智学の思想が日本の破局を招き寄せたのではない。

昭和十六年三月に、石原莞爾は「退役挨拶」状の中で、「日本軍が今次事変に若し北清事変当時の道義を守つたならば蒋介石はとつくに日本の戦力に屈服して居たであらうといはれます」と沈鬱に述べるのだが、おそらくこれは、この引用した智学の影響下にあるものといってよいのだ。

『宗門の維新』にある「侵略」とは、西洋帝国主義の理不尽な侵略＝覇道主義に対抗するための、道義的な「折伏」と解しておけばよいと私は思うものである。

二・二六事件渦中の石原莞爾像

寺内氏は、この小説のほぼ三分の一を占め、また山場でもある二・二六事件を記述する上で、戒厳司令部参謀としての石原莞爾をはなはだ精彩のない人物として描こうとしている。まずはそのぶざまな石原像を見ておこう。

寺内氏は石原が事件の前半では反乱軍将校たちの〃準同志〃として動いたとみなしている。それが半ばから鎮圧者に変わっていったのだと。横山臣平著などにおける最初からの果断な鎮圧者としての石原像を否定する。

寺内氏は石原が事件の当日、事件を利用して皇族内閣を構想し、軍備を充実させる目的の軍政府を樹立しようと計画したとする。そのための基本条件は大詔渙発であり、徹夜して石原は文案を作り上げる。しかし天皇の断固たる討伐意向を知っている杉山元参謀次長は、石原が読み上げる大詔渙発文案を聞きながら、彼を怒鳴りつけるのである。香椎司令官の命令とはいえ、ここでの石原はなんともふがいない。

確かにこれにはそれなりの根拠がある。事件関係者たちの尋問調書などを総合判断すると、石原は二月二十六日の深夜、帝国ホテルで橋本欣五郎、満井佐吉らと後継内閣の首班について協議し、皇族（東久邇宮）内閣を考えたらしい。それが話し合いの中で山本英輔海軍大将と変わった。石原は確かにこの時点では、「維新断行」の決意を持っていたようだ。そこまでは寺内氏の考えも正しいが、杉山元に怒鳴りつけられるような場面はあり得ない。

氏の想像力は次にその「維新」の方法としての石原構想に難癖をつける。その根拠とするものは東亜聯盟の「昭和維新論」に出てくる次のような一節である。

「聖断ひとたび下らば、一億臣民翕然《きゅうぜん》おのれを捨ててこれに一致し奉る心境は、わが国体の精華であり、天皇親政は皇国未曾有の国難を救う唯一の霊力である。これは田中智学の『国柱会』が主唱した国体論を下敷きとしている」

「さらに現実の方法として（中略）この重圧につくは原則として皇族に限らせらるべきものと信じ奉る。と皇族の内閣首班説を明白にしている」と氏は「昭和維新論」から引用しつつ書く。

このような状況証拠から、寺内氏は小説の中で前述したような精彩のない石原像を描くのである。自由な想像力の産物である小説の中身にこちらが文句をつけても仕方がない。しかしこのような東亜聯盟の構想に里見岸雄が昭和十四年の時点で、異論を唱えていたということを残念ながらご存じないらしい。

里見は東亜聯盟の天皇親政にもとづく「一国一党論」は国体に反するもの、独裁的なものだと反論した『日本政治の国体的構造』という本を当時出しているのである。それに対して石原は、自分はこの本には了解しがたい点があると里見に手紙を出している。

もちろんここで大事なことは、石原か里見か、どちらが正しいかということではない。国柱会の内部は、自分と意見が違うからといって相手の意見を抑圧するようなファッショ的な場ではなかった。こうした自由な討論、議論が行なえる場所であったということを指摘しておけば足りるであろう。つまり、寺内氏のいうところの「国柱会が主唱した国体論」というのは、偏見の混じった硬直した理解のものなのである。

しかし「聖断」といい、東久邇宮の「皇族内閣」といい、「昭和維新論」に出てくる構想は、敗戦をはさんで実現したものを思わせないだろうか。「敗戦」というのはまさしく「皇国未曽有の国難」のときではないのだろうか。

実際に、東久邇内閣に石原は内閣顧問として招請され、病気を理由に断っているのだが、昭和天皇の「聖断」がなければ、まだまだ戦争は続行していたことは間違いないだろう。東久邇という「皇族内閣」の威光があってこそ、占領軍の混乱なき進駐が遂行できたことも確かなことだろう。

寺内氏は、氏にとっての明るい平和をもたらした戦後という時代の到来は、天皇の「聖断」も、東久邇「皇族内閣」の威光も関係ないということをきちんと証明もしなくてはいけないのではないだろうか。なぜなら氏は石原の皇族内閣構想を、社会学的に「余りにも矛盾と不備だらけの事実」「天皇親政の霊力に頼り」きった、「ファッシズムを基調とした復古革命」だと断定しているからである。

石原と武藤章の関係の捉え方

寺内氏は「石原のひたむきな日蓮主義への傾倒が、武藤に限らずバランス感覚を尊ぶこの国の常識人に不安と不快を与えたのも否定し得ない事実であった。この反撥が法規の忠実な実践者にすぎなかった軍服の能吏たちを忌まわしいファシストへとかりたてた、と言えなくもないであろう」と書く。これは私には牽強付会としか思えない。

氏は「石原と武藤の蜜月関係は、二・二六事件で影がさしはじめ、支那事変へ突入すると、決定的な対立関係に入る」と書き、二・二六事件渦中の石原の言動が武藤にとっても、杉山元にとっても不快な存在になってきたと印象づけるように小説に書いている。そして、石原を始めとした日蓮主義者への反撥が「日本陸軍のゆくえを決定づけてしまうのである。〃グズ元〃（杉山——引用者注）将軍と剃刀頭脳の幕僚コンビが、さまざまの形で組み合わされて戦争への道をひた走りに走り出す」と主張するわけである。

単純すぎる理解である。

氏は内政と外交を区別せず、混同してしまっている。日蓮主義者への反撥が武藤や杉山をしてファシストに駆り立て、戦争への破局へと突き進ませたというわけだが、そんな単純な歴史展開を実際の昭和史はたどっているのだろうか。ここで大東亜戦争論を仕掛ける気はないが、こうした「日蓮主義への反撥」というのは、寺内氏自身の問題ではなかろうか？　ご自身の反撥をそのまま武藤や杉山に仮託させているようにしか私には見えないのである。

寺内史観のいろいろな矛盾

そうした反撥ゆえに様々なところで、氏の理解は奇妙な矛盾を露呈しているように思う。いちいち取り上げているときりがないので、いくつかピックアップして『化城の昭和史』批判の最後にしたいと思う。

この小説にはジョンソンというゾルゲを思わせるドイツ人も出てきて、日本の北進論と南進論の問題も出てくる。むろん南進と決したことがゾルゲ情報によって分かったから、ソ連は安心してドイツと戦えたのである。

寺内氏は石原の主唱する北進論が、軍部の中に石原アレルギーのようなものを起こさせて、石原が北なら、じゃ南進論でいこうとなる、と玉井禮一郎との対談で述べている。(『法華経は国運を左右する』)

氏は石原を尊敬することでは人後に落ちない辻政信がノモンハン体験もあるが、熱烈な南進論者であったことを忘れておられるようである。

また氏は石原を、近代的な陸軍を目指そうとする陸軍にとっては、既に古い型の英雄型軍人として遠ざけられていた、という。

古い型の軍人がなぜ支那事変の拡大に反対したのか、彼と職を賭して対立した武藤章が事変が泥沼化した後に、石原さんが正しかった……と嘆息したという逸話も、石原の他からぬきんでた軍事的感性の鋭さも、寺内氏にはまったく無視されてしまっている。

また氏は「東亜聯盟」が石原の主宰する収容団体であったと書く。つまりは日蓮主義による団体ということをいいたいのだろう。確かに中核にある精華会やまこと会は国柱会の若者が中心の組織であるが、日蓮主義者であることを聯盟員としての条件とはしていないのである。

このように寺内氏のこの小説は日蓮主義に対する偏見と悪意に満ちた、つまりは昭和史を曲解したあげくの、きわもの小説といっていいのである。

（付記）

二・二六事件で決起軍に入っていた山本又はやはり国柱会員だった。『東亜聯盟期の石原莞爾資料』（野村乙二朗編）に、石原の側近だった渕上辰雄の石原宛書状（昭和十九年一月二十六日付）が出ている。渕上は石原の代理のような形で静岡の聯盟支部に講義をしに来ていた。その会合に山本又が出席していたのである。渕上が聞いた話によると、山本は陸軍省で石原と出会い、同志との盟約上から石原にピストルを向けたが、どうしても殺すことができなかった、今はそうしなくてよかったと心から喜んでいる。石原の「あの時の態度は法華経の行者であるだけに全陸軍中で一番立派であられた」（手紙より）と渕上に語っている。彼の現在の仕事は伊豆の山奥で炭焼きをし、信仰は日本山妙法寺に入っているという消息も語られている。これに対する石原の渕上宛返事には「山本氏のこと誠に感慨深き思出に御座候　今日まで生き延びてゐる事　同氏との因縁に候」とある。

この後、石原の上京の際に山本は横浜で石原と再会しているようで、七月六日付の手紙で十河信二への紹介を石原に頼んだ。就職依頼だったが、自分のためでなく、村中孝次、磯部浅一、対馬勝雄ら処刑された青年将校の未亡人や遺家族に少しでもお金を送りたいとの気持ちからであると書いている。石原は快く十河への紹介を引き受け、就職もうまくいったようである。

第五章　石原莞爾と市川房枝
東亜聯盟とフェミニズム

川崎賢子による『満洲人の少女』批判

近年、非常に高まってきている運動のひとつにフェミニズム運動がある。かの高群逸枝のほとんど独力によって築き上げられた前人未到の日本女性史を、現代のおもに女性による執筆者たちが新たに受け継ぎ、発展させていくという編集方針によって完成せられていった、『女と男の時空〔日本女性史再考〕』全六巻（藤原書店）もそういう運動の高まりと熱気によって世に出てきたものである。

ここで私はこのフェミニズム運動や日本女性史を論じていこうとするわけではない。そういうことも必要なところでは論ずるが、この第V巻に、川崎賢子という人の論文、「満洲国にわたった女性たち——文芸運動を手掛かりに」があり、小泉（＝白土、以下小泉に統一）菊枝の『満洲人の少女』が論じられていたから、ここで取り上げてみたくなったのである。小泉菊枝は石原莞爾の思想上の高弟の一人である。

川崎の論文はほぼ四十頁にわたるものであり、『満洲人の少女』刊行時代の満洲の文芸運動の概観をたどりながら、満洲と女性史に関わる言説の中において、この著作がいかなる意味を持つものかを問いかけている。この書物は、川崎の紹介文をそのままに引用するならば、陸軍軍人だった「夫の転勤によって一九三五年六月上旬に渡満し、家事のかたわら、一九三六年から一九三八年にかけ、この原稿を東京の友人に書き送った。テキストは雑誌『まこと』に連載され、小泉の帰国後、満洲で発行されていた雑誌『月刊満洲』に転載、ついで単行本化された」ものである。

『満洲人の少女』（昭和十三年、月刊満洲社より刊行）は大きな反響を呼び、ベストセラーになった。川崎が書いているように、その後、女主人と満洲少女でなく、男主人と満洲少女という関係に置き換えられて、当地のラジオドラマにもなり、小泉自身の回想によれば、甘粕正彦から直接の手紙が来て、映画化する話にまで進んでいる（実現はしていない）。石原莞爾は日本国内では岩波書店から出版することを期待していた。

この本の内容を再び川崎の言葉で紹介するなら、小泉と「安東省の寒村、桓仁出身の十四歳の少女・李桂玉との一九三六年から一年半にわたる日常生活の回想記である」。

李桂玉は小泉家にやってきた当初は反日的であったが、小泉の真摯で忍耐強い教化によって、少しずつ変わっていく。また川崎論文から引用する。

「李は彼女の家族、同胞、学校、宣教師たちによってはぐくまれた、抗日という形をとる民族的なアイデンティティーをくつがえされていく。李は、みずからの根拠にたいして、否定的になり、その否定性の空虚な場所に、観念的な日本像を呼び込み、その内なる日本によって支配されるにいたる。満洲服よりも和服の方を好んでまとうようになる李桂玉の変化は、反満抗日思想を身につけた李が、自己の出自を否定し日本の中国に対する優位性、日本の満洲国に対する優位性を受け入れ、ついで天皇は世界の天皇である、とみずから口にするにいたる経緯でもある。その過程は、裏面に、李の同胞にたいする嫌悪、否定の意識が増していく過程であり、より日本人化したことによって李は同胞にたいする優越感を表明するようにもなる。日本人化することは、この少女にとって近代化すること、進んだ存在になることでもある。彼女は同胞を日本人化するためにはたらく側に、教化する側にたとうとする。彼女はみずから進んで自分の名を、けいこ、と表記するようになる」

川崎の価値判断の部分は一応別にして、李桂玉の心理変化はよく表されている。小泉はただの家庭主婦である。その平凡な主婦がこのようにして、民族協和を実践し、成功していく過程が素直な文体で正直に物語られていることが、大反響の理由であった。それはまさに満洲に住む日本人たちの多くに感じられている困難を、いとも簡単に越えていった女性がいるということに対する驚異の思いだったのかもしれない。

「簡単」というのは、実は正確ではない。また川崎の論文から引用すると、「心身の動揺、危機がいくたびか訪れた。小泉の場合にそれは、抗日運動家を愛国者と呼ぶ李にたいする恐怖という形をとり、あるいは、小泉の奉ずる民族協和の理念と現実との齟齬にたいする反省という形をとる」。

『満洲人の少女』を正確に読めば……

私はむろん、この『満洲人の少女』を好意的に読む。ですます調で、一人称の、読者にやさしく訴えていく文体は、小泉菊枝という人の飾らない、正直な思いを、我々に抵抗なく理解させるものだ。また、李桂玉の「アイヤ」という感嘆語を含んだたどたどしい日本語のリアリティーも、彼女ら〈満人〉たちの民族習慣もよく描けている。

こうして生き生きしたリアリティーあふれる李桂玉と小泉菊枝の交流は試行錯誤を繰り返しながら、川崎がいうように、李の日本的なものへの憧れと優位への認識というように変わっていく。

しかし優位への認識といっても、李の心にある満洲人としての意識が消えるわけではないし、そのことへの執着も愛着も彼女にはある。だからこそ、小泉との間に強くかつ執拗な葛藤がさまざまに現れては消え、消えては現れたのだ。この作品の優れたところは、そうした葛藤をほぼ正確に再現し、その葛藤に戸惑う小泉の思いを正直に表現し得ていることにある。そしてその何度も立ち現れてくる新たな課題に、誠実に粘り強く対応して、解決策を見出していく小泉の姿に読者は強い感動を覚えたのだろう。

その意味では川崎の理解の仕方は少し正確とはいえない点もあって、李が同胞を日本人化するために教化する側に立とうとするという場面は出てこない。彼女の理解は、李の日本人化ということにこだわりすぎている観が私にはする。日本人の優位性への李の「屈服」というように川崎はとらえるのである。

小泉が国柱会員であり、日蓮主義者であるからには、彼女の李に対してしたことは、折伏であり摂受である。そして李が小泉を第二の母のように慕うようになることは、小泉の勝利である。しかしそれは李の日本人化、あるいは「屈服」とは私は考えない。小泉自身、そのような単純なものと考えていないことは、この作品を読めば判ることだし、作品の終わりの方で彼女はこう述懐するのである。

「むずかしい子でした。然し、実に正直な魂の持主でした。純真でした。私こそ教えられもし、鍛えられもした大切な大切な桂玉でした」

『満洲人の少女』の口絵写真

小泉はただ単に李の日本人化を喜んではいないのである。川崎は李に対する小泉の態度を「善意」というキーワードでとらえていくが、間違ってはいないものの、その意味するところはかなりに否定的である。『満洲人の少女』の口絵に使われている、小泉が中国服を着、李は和服を着ている写真の表象している意味を彼女はこう解説する。

「この事態を、だれが中国を表象し、だれが満洲を表象するか、という側面からながめるなら、小泉の善意も異なる意味を帯びてくるだろう。表象する者は、その地に生まれ育った少女ではない。中国をよりよく表象し、満洲をよりよく表象する資格があるのは日本人である小泉のほうなのである」

「李のために和服を見立て、買い与えた小泉の行為は、李を日本人化し日本人扱いすることこそが、李の尊厳を認めることであるという、いまひとつの善意と対応している」

「一葉の写真（中略）そこにみちあふれる小泉の善意は、小泉と李との、主婦と安価な家事労働者という関係を、おおいかくすことになる」

川崎は記号論的な批評にこだわりすぎているようにも見えるが、そのことは一応おいておく。川崎は、李桂玉に日本人の優位性を納得させていくことが小泉のやろうとしたことだと理解している。私はそう思わない。例えばそれは、次のような小泉の述懐を聞いてみれば判るだろう。

「まだまだ私の考へが観念的だつた事をはつきり知りました。ほんたうにみじめな私でした」「本当に貧しさのどん底を味つてみなければ、桂玉の語る田舎の人々の思ひを、切実に自分のものとして共感できないだらうと思ひました」「せめて、出来る丈け、虔《つつま》しやかな気持で桂玉の語る満洲民族の生活を聴かうと決心しました」

ここにある小泉の謙虚さは本物である。彼女は単に偉ぶって日本天皇や日本国体の優位を説いているのではない。むろん、その素晴らしさを李に説く言葉はある。しかしそれは川崎が理解するような意味のものではない。

田中智学の国体論と民族協和

田中智学によって唱えられた「国体精神」「世界統一の天業」といった、戦後の支配的な思潮からは否定的に扱われてきた概念は、実はとても柔軟な、相対的なそして謙虚な意味合いを持つものだった。智学が晩年、国体明徴運動の盛んだった頃に口述筆記させた自叙伝――「わが経しあと」の中に例えば次のような一節がある。

「世界を統一して日本に集めなければ世界の平和は来《きた》らないといふ、これは世界を取るといふのではない。世界を救ふ意味だ」「大体南無日本帝国と帰依渇仰するやうになつて来なければならぬ。それから日本も亦南無世界各国といつて、互ひに相敬し相愛するに至つて、絶対平和は建設する」

小泉は昭和七年に愛息の死をきっかけに、法華信仰に入り、国柱会に入るのだが、その思想的基盤はこのような田中智学の影響下にあったのである。その法華信仰の現実社会での実行として、日本人の「まこと」の実践者として、小泉は李桂玉に対したのである。そうした思想的、宗教的基盤を持たなければ、川崎のいう単なる「主婦と安価な家事労働者」という関係に留めておいてもよかったのである。おそらく満洲に住む多くの日本人主婦たちはそのように対処したのである。そのほうが楽である。李の教育に悩む小泉に、そのように忠告する近所の主婦もいたことも語られている。

『満洲人の少女』の大変な評判は、法華の信仰を持つ持たないにかかわらず、宗教的な普遍性、あるいは民族を超えた普遍的原理につながる信念がなければ、民族協和は成り立たないということを多くの在満日本人に知らしめていたのである。

川崎はその小泉の懸命な努力を、単に否定的意味合いの「善意」という言葉で切り捨てようとする。なぜそのように切り捨てたいかというならば、「天皇の国、日本」というような、小泉の言い方に彼女が抵抗を感ずるからである。あるいは満洲国を独立国でない、日本の覇道による侵略国家だという断定があるからである。

満洲事変が満蒙問題の「武力解決」であることは確かだが、塘沽《タンクー》停戦協定で、中国との間に正式の条約が結ばれていることは、公的には満洲事変は解決済みの問題として考えることができる。

また例えば日本の明治維新は統一国家としての始まりを示すが、しかし対外的な真の独立は治外法権のすべて撤廃された日露戦争の勝利後であるといえる。つまりおよそ四十年以上のずれがある。そのような国家の成長という契機を、川崎もこの満洲国に対しては認めようとはしない。これは満洲国に対して否定的な論者すべてにいえることで、特に川崎だけの問題ではないのだが、『満洲人の少女』のもっとも感動的なエピソードのひとつを彼女が見逃している点はやはり容赦できないのである。それは、「その国都建設祭の印象も間《ママ》だ判然と残る（昭和十二年——引用者注）十月一日こそ、満洲建国史に忘れられない日本帝国の治外法権撤廃、満鉄沿線附属地行政権委譲の日でありました」と小泉が感動を込めて語るラスト近くの部分である。

小泉は李に、実際に郵便局に為替を組みに行かせる体験を通して、「これからは日本人の郵便局員も全部満洲国の郵政局になつたのだ」と教えるのである。李の感動は尋常のものでなかったと描かれている。

小泉と李との関係は試行錯誤しながら少しずつ進展した。しかしそれでも互いの間に難しい問題が残っていたことが物語られる。個人の間でもそうなのだ。おそらく日本と満洲国、中国の関係も、それ以上の長い年月の試行錯誤の経験の中で成長するものであったのだろう。満洲国の実際の寿命、およそ十四年という結果からばかり判断するべきではないのである。

さらにいうなら、小泉の李に対してしたことは、満洲国の健全な発展のための先見的な雛形としての貴重な位置を占めていると思うのである。もし李桂玉が若くして産褥で死ぬことがなかったならば、二人の関係は石原莞爾と曺寧柱のそれのように伝説的なものとなったかもしれない。

市川房枝と小泉菊枝

川崎は論文の最後のほうで、小泉のことを「ユニークな女性ファシスト」と評している。これは『満洲人の少女』だけでなく、『東亜聯盟』誌上に連載された『女性史開顕』の読後感によってもたらされたもののようである。

『女性史開顕』は、川崎もいっているように、高群逸枝の『大日本女性史（母系制の研究）』（昭和十三年）の刊行に触発されて書かれたものである。おそらくこの本の次のような一節が、川崎をして小泉をファシストと呼ばせているのである。

「他の国ではいざ知らず、日本に於ての良い政治と云ふものが、天皇御親政を拒否し奉る政治的理念の下に有り得る事であらうか」「天皇中心の日本国体意識を点睛すれば、其の儘《まま》、王政復古を成就した新日本の国民的情操に迄、自ら昇華することの出来るものであつた」

ここでいわゆる〈天皇制ファシズム〉の問題に入る必要はない。別の切り口から、川崎の理解に疑問を呈しようと思うのだ。

『大日本女性史』は、高群逸枝が大正末期から昭和初期にかけての旺盛な言論活動を一旦休止して取り組んだ緻密な研究の成果だった。男性支配が歴史と共に古いのではなく、それに先行する母系制の存在を明確に立証した画期的な業績の達成の背後には、むろん夫の橋本憲三の献身的な協力もあったが、その一方、出版に伴う経済的負担を後援する「高群逸枝著作後援会」の力も大きかった。戦前からはもちろん戦後の晩年まで、高群の有力な後援者としての位置を占める市川房枝もまたその後援会員の中の一人である。

その市川は戦前、東亜聯盟に所属していたのであり、小泉菊枝とも知らぬ仲ではなかったのである。市川が東亜聯盟に入ったのは、青森の農民運動家であり、戦後社会党代議士にもなった淡谷悠蔵の紹介と勧めによるものと思われる。小泉の妹分格にあたる「まこと会」の渕上千津氏によれば、市川は東亜聯盟同志会会長だった和田勁のことを、「あの人は立派な人ですねえ」といっていたという。

もと満洲国軍の将軍である和田は、日本陸軍の青年将校だった時代、恋に落ちた芸妓との結婚に反対され、添い遂げるためにエリート軍人としての栄達を惜しみなく放擲した、剛の人であると同時に、「フェミニスト」であった。

東亜聯盟に入った市川は、聯盟幹部の勧めによって早速中国各地の視察に出かけているのだが、その幹部とはおそらく和田のことである。

市川はその視察直前に、十六師団長時代の石原莞爾に京都で会っている。そしてその人格と識見、また女性に対して深い理解を持つ石原に敬服し、好意を持ったことを回想している。

彼女の自伝には、戦争中の彼女が自由主義者として軍部ににらまれていたと回想され、彼女自身、「満洲事変以降の反動時代」と書きながら、石原に対してだけは好意的な筆致が明らかである。また「婦人時局研究会」の活動として、師団長会議のために上京中の石原に話をしてもらう約束を得ていたが、石原の風邪のために駄目になった話や、昭和十八年には、石原の最終戦争論の研究会を続けて行なったとの記述もある。

小泉菊枝と市川房枝の出会いは時期的なことははっきりしないが、名古屋の小泉宅での「まこと会」有志の集まりに、市川を呼んで話をしてもらったことがあると渕上千津氏は証言している。市川も生まれは現在の愛知県一宮市である。
戦後、『石原莞爾全集』刊行の際には、市川は刊行の中心人物であった小泉のために好意的な推薦文を寄せている。

満洲国の可能性

小泉菊枝の遺著『将軍　石原莞爾』には、石原が「東亜聯盟が戦前、戦中、戦後を通じて男女同権を主張し続けて来た唯一の団体だ」といったということが書かれている。市川の石原に対する好意の背景にあるものが何なのかを裏付ける言葉であろう。なお市川もそうだが、石原も新宿中村屋の相馬黒光夫妻と交流があった。

小泉と高群逸枝の間には著作を通じての接触しかないようだが、小泉の『女性史開顕』（昭和十六年刊）は日本のフェミニズム運動の原典というべき『大日本女性史』の東亜聯盟的＝日蓮主義的読み方によって、その骨格は成り立っているのである。

川崎賢子はこの論文と別のところで、「小泉が高群女性史を誤読したとばかりはいえない」とためらいがちな筆致である。このためらいは東亜聯盟や石原莞爾の最終戦争論、国柱会や日蓮主義に対する「誤読」によっている。

東亜聯盟の間口の広さは、日本、朝鮮、満洲、支那本部を含む運動体であったことであり、淡谷悠蔵や市川房枝のような左翼運動家、自由主義者である者さえ、自由に息をつける場所でありえたことだ。そして、高群―市川―石原―小泉―和田というつながりからは、小泉がいうように、東亜聯盟は日本のフェミニズム運動の歴史にさえ組み込めるのではないか？

川崎は、「かつて女性に歴史はなかった、女性は人間として登記されることがなかった（中略）といった言説が、終末論と最終戦争論の構図の中に満洲及び東亜と呼ばれた極東諸地域の女性・日本の女性の場所を描きこみさえすれば、あらゆる他者性を包摂することができ、図表が完成されるかのような幻想のよりどころへと転じる。世界統一のための世界最終戦争論という構想は、いっぽうではアメリカに代表される敵の他者性をも包摂して、自閉し、自足する」と批判する。

石原も小泉も、「幻想」は持っていなかった。またその最終戦争論は川崎のいう「排除の暴力」といった色彩のものではなかった。強烈な宗教の匂いのするものではあっても、科学性を欠いてはいなかった。

川崎は論文の最後で、満洲国に渡った女性たちの宗教やマルキシズムによる女性解放論が、どこかに「満州国との連続性」を胚胎していたことが「やっかいなのだ」と、またもやためらい、あるいは論理の揺らぎを示している。

歴史の見方を変えてみればいいとまではいわないが、私なら、「満洲国の可能性」というところである。当時の満洲はそのようにして日本人の前にあった。その「可能性の契機」という視点を念頭に入れない批評は、「自閉し、自足した」不健全なものなのだと私は思う。

第六章　石原莞爾とマッカーサー

戦後体制構築下で

石原莞爾と終生の盟友であった里見岸雄博士の著作に『天皇及三笠宮問題』がある。そこにこういう記述がある。

「私がここでいふマツカーサーとは、必ずしもダグラス・マツカーサーといふ曽ての日本占領軍最高司令官であつた米国の一軍人を指してゐるのではない。要するに私がここでいふマツカーサーとは、日本を占領し日本を支配してゐた外国軍隊の象徴にほかならない」

本章の表題の「マッカーサー」という言葉の意味するところも、里見博士と同じく個人ではなく、戦後占領体制の象徴としてのマッカーサーであることをはじめに断っておきたい。

石原の昭和二十年八月十五日の日記は、終戦の放送を「聖旨涙ヲ以テ拝聴」となっている。むろんこの日以降のことは、それ以前の日々の延長である。戦時中の必要なことから逐次記述していくこと

にする。（以下敬称略）

石原莞爾の対米戦略

石原莞爾は大東亜戦争が始まった当初から、「戦争は負ける」と思っていた。アメリカとの圧倒的な国力の差を認識していたからである。しかし始まったら始まったで、戦争をどう勝利に導くかを軍人として考えなければならない。ただ彼は既に予備役に編入されていた。できることは限られている。東亜聯盟運動をどう広げていくか？　まずはそれだった。病体に鞭打って全国を駆け巡る日々が続き、その過程で憲兵や特高の監視下にあっても、全国の状況を把握することもできたのである。

石原が考える対米戦争のやり方は、彼の側近で報知新聞記者でもあり、また石原の指導で国防研究会を主宰していた軍事学上の弟子である高木清寿の記述によるものが一番正確であろう。少し長いが『東亜の父石原莞爾』から引用する。考えの根幹にあるのは東亜聯盟論、持久戦争論と戦力は根拠地と戦場間の距離の二乗に反比例するとの「兵站の法則」の理論である。ただし彼も曺寧柱の聞いたことを援用している。

「米英との戦争に勝つには、一日も速かに東亜連盟によって日華の全面和平解決を行い、中国および南方にある日本軍は全部本国に撤退し、南方は全部中国軍にまかすべきである。日本は関東軍を強化し、満洲国軍とともに北満の護りをかためソ連の南下を防ぎ、日本海軍は独力をもって太平洋の守護に当り、十年二十年の長期持久戦に備えて、教育の革新を断行し、都市を解体して農工一体の国土計画を決行し、日満支三国が一体となって全力を挙げて産業経済の建設に努力し、満を持してアメリ力を一撃をもって叩くべきである」

「大東亜戦争は今や苛烈なる大持久戦の様相を呈している。国民は巨大なる消耗を伴うこの戦争を戦うことだけに奔命に疲れている。大東亜戦争勃発直前における彼我経済力の差は鉄鋼、石炭、石油、造船、自動車等の生産量を一瞥すれば何人もこれを否定しえないところである。この経済不利なる態勢は緒戦の赫々たる戦果により、いちじるしく緩和されたとはいえ、なおその後の作戦計画をも著しく制約する悪条件となって作用することは覚悟しなければならない。戦略的領土または勢力圏の獲得は石油・ゴム等の不可欠の軍需資材を入手せしめ、将来の一般軍需資材の可能性を与えたが、開発輸送手段等の不足により、ただちに一般的生産増強に寄与する所とはならない。

したがってわが国は今次戦争の勝敗を決定する主要因子を、兵器その他の戦争手段の生産力の上に求めることは不可能に近く、好むと好まざるとにかかわらず、敵戦力をその隘路に迎え撃つ武力作戦の領域に主としてこれを求めなければならない。軍需生産力の増強というも、それはかかる作戦に随伴し、これに即応する範囲においていうのでなければ意味がない。

しかし米国の生産力巨大なりとはいえ、戦に成算あるものは敢えて恐れない。鉄鋼その他の軍需資材の兵器製造上占める地位の大なるのはいうまでもないが、二十倍の鉄鋼生産量がただちに戦場における二十倍の兵器の保有量を意味しないし、兵器は戦力構成のある要素に過ぎない。また日米戦争において米国の戦力を制約、減殺する若干の重要なる隘路もしくは弱点がある。米国の戦力はこの隘路を通って戦場に出現せざるを得ないのであるから、その力は本国におけるものに比し著しく弱体化するのである。経済力において劣れる日本の戦法は、戦略的に有利なる態勢をもってその弱点において撃つことである」

「すなわち対米戦争は（中略）軍需生産力をもって戦う戦争にあらず、格段の差ある経済力をもって敵戦力をその隘路に撃つ戦法の戦いである。かかる戦法においては敵の弱点の考究が重要であると同時に、勝利は主としてわが戦略態勢とくに戦場条件の優位、作戦の優位、戦う人の優位、特定の兵器およびその他の戦争手段の一定量とその質の優位、国民の優位等に依存するということである」

「要は日本の持つあらゆる実力をもって戦いうる長期戦争計画が立つか否かの問題である。当局は大東亜戦争直前の準備された緒戦作戦計画を遂行し終わった今日、速かにかかる戦争計画を樹立し、その計画目標の指示する生産増強の数量と、その手段方法とを成算ある態度をもって国民に要求すべきである」

以上の認識は戦争初期の頃であろう。以下はガダルカナル戦失敗の頃のことである。

「持久戦争においては、攻勢の終末点をどこにおくべきか、ということが最初から確立されていなければならない。しかるに支那事変以来、今次の戦争をみると全然これを考えていない。東条《ママ》のやっている戦争は全く何をやっているか馬鹿げていて見ていられない。まるで決戦戦争のやり方でいる。攻勢の終末点を越えれば叩かれるのは当然だ」

「近時の戦争は制空権のないところに制海権はありえない。制空権が敵の手中に陥ちた以上は、即刻ガ島（ガダルカナル―引用者注）を撤退すべきである。制空権と制海権のないところでは陸軍もまた戦争はできないのだ。ソロモン、ビスマーク、ニューギニヤの諸島を早急に放棄することだ。

そしてわが補給戦確保上、攻勢の終末点を西はビルマ国境からシンガポール、スマトラ等の戦略資源地帯中心とし、この防衛線を構築。中部は比島の線に退却。他方本土周辺のサイパン、テニヤン、ガムの内南洋諸島一切を難攻不落の要塞化することである」

優れて明快で説得力のある戦争論だということが判るだろう。「攻勢の終末点を越えて」ということでは、海軍の鈴木貫太郎が「橋を架ける」という言い方で、同じ批判を展開しているが、高木のそれは、石原指導の下に書いた『戦術学要綱』（昭和十八年十二月刊）に納められてある。

石原にとってはガダルカナルはもちろん、ニューギニアなど始めから行くべきところではなかったのだ。彼我の生産力を冷静に比較考察して、十年、二十年の持久戦争に持ちこたえるための絶対国防圏を設定し、そこに持久できる生産体制を構築することが重要なことなのだ。そしてアメリカが延々と太平洋を越えてやってきて攻勢の終末点に来たところを叩くという戦法に限定することだ。それが永年続けば、元々孤立主義の強いアメリカ内に厭戦気分も出てくるはずで、ルーズベルト批判がそこから生れてこよう（実際の戦争でも出てきていた）。

「サイパンを防備するのに万全を期しておれば、米軍の侵入を防げたはずだ。ここを確実に守れば、持久戦になるところだ」

これは海軍の石原いうところの「昼寝をしていた」豊田副武司令長官批判でもあるが、むろんこれは進退窮まってからのサイパン防備ではない。始めから絶対国防圏を設定し、持久戦争を維持できる生産体制をその中に構築するのである。持久戦になれば、蔣介石の抗日姿勢も変わってくるだろう。そうして始めて東亜の結束ができる。サイパンが陥落してから蔣介石の気持ちは最終的に固まったのだというのが石原の読みである。そしてこれは後述する繆斌工作とも関係する。

仮に石原が退役せずに参謀本部に陣取っていれば、アメリカとの開戦が必然となる情勢において、この国防体制の構築を成し遂げる陣頭に立っていたかもしれない。昭和十七年の半ば頃、田中新一作戦部長が部下の意見を取り入れて、石原を現役復帰させて参謀本部に迎えたいと杉山元参謀総長に意見具申したが、全く省みられなかったという。

『東亜の父石原莞爾』に、昭和十七年秋の東條と石原の会見記が出ている。高木はミッドウェーやガダルカナル作戦の失敗に焦った東條が石原との会見を希望したのだと書いているが、野村乙二朗の研究によればこれは記憶違いで、まだ快進撃を続けていた昭和十七年三月十四日朝のことらしい。野村は状況がいいところだから、東條に石原の意見を聴くゆとりもあったのだろうと推定している。しかし会見の内容が大政翼賛会と戦争指導のことであったのは間違いない。後者に関しては、「君では戦争に勝てない、総理もやめろ」とのにべもない言い方だったという。

サイパン陥落の頃である。安藤徳次郎は鶴岡の石原宅で、「真珠湾を攻撃したとき、なぜ上陸しなかったのか」と海軍を批判したのを聞いたという。これを後知恵と解釈してはなるまい。それもまた絶対国防圏の問題とつながる事柄なのである。ハワイを占領すれば、アメリカは西太平洋に出動することがかなりに危険になるからである。むろん日本海軍も、ハワイを維持するためにかなりの危険を冒すことにはなる。ただ太平洋西岸から延々と洋上を西進してくる艦隊を待ち受ける基地としては、ハワイは好都合な島嶼であることは間違いないだろう。石原のいう「隘路」とはそういう島のことである。

むろん石原にとって、兵隊の命は最も大事なものであった。十年を超える持久戦争に耐えるには人的損害を最小限にしなければいけない。玉砕戦法など下の下の策である。

いよいよ戦争が日本を断末魔に追い込み始めた昭和二十年二月二十五日のことである。石原は前日から山形県の新庄に近い瀬見温泉での東亜聯盟の会合に参加し、帰りの汽車を駅で待ちながら、深い雪景色の美しさを連れの宇野(渕上)千津に語っていた。以下五年後の千津による回想である。

「丁度その時、いぶし銀の連山にかこまれたこの小さな駅からも、出征兵士を送るバンザイと、〃勝ってくるぞと勇ましく……〃と楽隊入りで軍歌が起つた。と、静かに閣下の御口をついて出たのは、『あゝ泣いてゐる。泣いてゐる。――軍歌が泣いてゐる。』と云ふ嘆息とも独言ともつかぬものであつた（中略）濃紺の外套に黒のカバンを下げて、雪一色の中に立つ偉丈夫の御姿は、自寂として微動だもしなかつた」（『石原莞爾研究』）

ちょうど硫黄島の戦いの真っ最中である。太平洋戦線の各地で玉砕が起こり、神風特攻隊の若者たちが次々に命を散らしていた。祖国の最後の勝利を信じて戦う若い兵士の忠勇と壮烈な自己犠牲の精神に感動しつつも、石原は心の中の慟哭を抑え切れなかったのだろう。

石原の東京裁判批判

ともあれ、敗戦してからも石原のこの戦略の確信と自信は揺らぐことはなかった。側近の者にも話したし、入院した逓信病院に訪ねてくるアメリカの新聞記者、マーク・ゲインや検事たち、酒田裁判取材の外国人記者たちにも遠慮なく話したことだった。無礼な言動をする検事がいれば、病人とは思えない大声で怒鳴りつける石原だった。

「すべき戦ではもちろんなかったが、世間で言う様に、どうしても勝ち目がなかったかというと、わたしはそうばかりは思いません。やり方によっては少なくとも五分五分の終戦はできたと思います」

「戦争に負けたからといって日本人は卑屈になってはいけない」、米ソは大泥棒で「日本という小泥棒を捕まえて、お前は泥棒したからけしからんと裁判に付している。子供でさえもこれはおかしいと思うだろう」

「泥棒」というのはもちろん、「帝国主義的侵略者」を意味する。

「戦犯第一号はトルーマンだ。非戦闘員を大量殺害した広島、長崎を見ろ。非戦闘員を爆撃するなという国際法の蹂躙ではないか」

これに関連して辛辣なトルーマン批判もある。

「政略方面で落第生だ。私ならサイパンを奪取しない。日本を破滅状態にしないで東亜の安定勢力として軍隊を温存する。満洲は米軍の手で支えきれないではないか。日本の武装解除などいうあほな真似はしない。戦略家なら当然打つべき手のはずだ」

あるいは「日清日露戦争にまで遡って、戦犯を処罰すべきであるというなら、ペリーを呼んで来い！」といった有名な証言を想起してみればよい。こうした自信は確固とした戦争哲学があるゆえの自信なのだ。戦犯とするには、誠に都合の悪い人物であろう。むろんこれは当然、戦争指導者だった東條英機批判につながる。「私には思想があるが、彼には思想がない。思想のあるものとないものとに対立があるはずがない」。

〈小泥棒〉の代表である東條英機らが極東国際軍事裁判に引き立てられたのは、昭和二十一年五月三日のことである。これから判決まで約二年半にわたる長い裁判が開かれることとなる。

この同じ頃の五月に石原と同郷の後輩軍人服部卓四郎が復員してきた。彼がこの十年後に書いた「石原莞爾さんの思出」と題する文章が残っている。すぐ帰郷して石原に会ったという。彼の回想では昭和二十一年六月頃、「鶴岡から一里ほどある森方《ママ》という村に静養されている時であつた」という。

しかしこの時期、石原は東京の逓信病院に入院している最中である。石原の日記に「服部卓四郎」の名前が登場するのは、病院を退院して帰郷し、大泉村森片に滞在中のとき九月二十六日である。服部の文章を引用する。

「何年かぶりにお目にかかる石原さんは臥床中であつたが、その顔貌恰もナポレオンの如く、大きい澄んだ眼で眼ばたきをしないでじーっと私を見られた。（中略）私は『戦争の間重責を負いながら、私の上司に対する補佐宜しきを得ず、遂に敗戦になりましてまことに申し訳ありません』といってお辞儀をしたものである。そうしたら石原さんは『君勝つたじゃないか、だつて東条《ママ》が言っていた東亜開放という戦争目的は達成したじやないか』と言われた。まことに石原式の言葉である。この中には皮肉もあり、私に対する慰めもあり、真理もありで何時もながら他人の意表に出る言葉である」

当時東條は巣鴨に囚われ、裁判を受ける身だった。自決し損なった東條をあざ笑う戦後の日本人のさもしい声もあった。家族は針の筵に置かれていた。戦時中激しく対立していた東條を、「東亜開放という目的を達成した」といって評価する石原の言は戦後ほぼ最初のそれではあるまいか。服部が驚くはずである。ましてや当時は東京裁判の被告たちの罪業なるものの検事の論証に、日本中が固唾を呑んで聞き入っていた時期なのである。

昭和十八年十一月に開催された「大東亜会議」は、中国（南京政府）、タイ、ビルマ、フィリピン、インド、満洲の各国家の代表が日本の東京に一堂に会して開催され、大東亜各国の共存共栄、相互の自主独立、伝統文化の尊重、緊密な連携と経済発展、世界各国と親しく交わり、人種差別を撤廃、資源を解放して世界の発展に寄与しようという「大東亜共同宣言」を採択していた。歴史上初めての「東亜開放宣言」であり、日本が軍事的に不利な状況に徐々におかれ始めているときではあったが、これは日本が明治の開国以来、国防という見地からも国家として達成すべき大切な命題＝東洋平和確立ののろしであったのだ。石原は東條が主宰するその会議の意義を認めていた。

確かに東條への「皮肉」もあろう。サイパンが危うくなったとき、東亜聯盟の牛島辰熊と大本営参謀の津野田知重による東條首相排撃案（非常の場合は暗殺も）に同意を与えたように、彼は東條の存在が国家を危うくしている元凶であるという強い認識を示していた。しかしアメリカとの戦争には反対しつつも、戦争が始まれば日本が勝つ手段を考えたのと同じように、石原は裁判で被告になった東條が日本の自衛戦争の立場を正々堂々と訴えて、米英の〈大泥棒〉たちの罪悪を暴いて欲しいと願っていたことは間違いあるまい。

戦勝国の一部からは、天皇を戦犯にする声も聞かれていた。

昭和天皇の行幸は昭和二十一年二月神奈川県から始まった。石原が住む山形県吹浦に来たのは、翌年の八月十五日である。病気で奉迎に出られない石原の代わりに側近の武田邦太郎らが出かけた。天皇の様子を聞きたがった石原に、武田は「闇浮第一の大難に遭われているような顔つきでした」といったところ、石原の機嫌がすこぶる悪くなった。武田の物言いには「戦争指導に石原を起用されなかった報い」という気持ちが多少含まれていたのだ。早々に退散した武田に、後日石原は「今次の戦争で一番男を上げられたのは天皇である」といったという。

石原の天皇信仰の深さを物語るエピソードだが、同時にこざかしい東京裁判などではびくともしない日本の天皇の重みを彼が確信していたことを意味していよう。

参謀・辻政信

大東亜戦争中、ともかくも二正面作戦は早く解消しなければならない、大陸での戦いはやめねばならない。汪兆銘の南京政府を支援して全面和平を勝ち取らねばならないとして、中国にいてこれに尽力していた石原の陣営は辻政信、田村真作、小澤開作、繆斌、稲葉正三、宮崎正義、木村武雄、浅原健三らであった。

辻政信が支那派遣軍参謀・第三課長（政治経済担当）として南京に着任したのは昭和十八年八月のことである。日記に「中国の独立自由をすこぶる尊重して（中略）我々にとって大変有益」と書くように、南京政府の重鎮、周仏海は石原の信奉者の着任を大変に喜んでいる。彼は『東亜聯盟』誌にも寄稿していた。またそこには辻の強烈な個性がうかがえる記述がある。

「辻大佐が来て、またもや石原莞爾を中国大使に、板垣を総司令官にすべしと主張し、日本のいわゆる新政策は羊頭狗肉であり、二人でなければ徹底実行できないという。また華北政務委員会及び新民会を解消して統一を実現させる必要があり、汪先生の今回の訪日で東條に、二人を中国に呼ぶよう要求してほしいと言う。余は東條と石原はかねてから仲がよくなく、しかも人事問題であるので、汪先生としては口に出しにくいし、仮に言ったところで実現されなかったら面目丸つぶれであると言った。彼は三笠宮が帰京する時には必ず天皇に報告するので、上の方は既に手筈を整えてあるから実現できると言う」（九月八日）

当時板垣は朝鮮軍司令官であった。この新政策というのは、前年十二月二十一日の御前会議で決定した「大東亜戦争完遂の為の対支処理根本方針」のことであり、汪兆銘政権の支援と対重慶和平工作はしない、中国の内政干渉をしない、国民政府の対米英参戦の決定ということである。この日の前後には汪兆銘も周仏海も東京にいた。

対米英参戦は周仏海がこの年の七月ごろからいいだしていた事で、それによって、中国内の租界、領事裁判権の回収などをおこなうことができ、中国は晴れて本当の独立国になれるという主張であった。逡巡していた日本がようやくこれを認め、翌年一月九日に南京政府と重光葵大使の間で「共同宣言」がなされるのである。むろん負けずと十一日に重慶政府と英米は同じ内容の条約を結ぶ。租界の回収はこの年の夏から始まった。この意義を忘れてはなるまい。

辻はこの「根本方針」や「共同宣言」を真摯に実行できるのは石原と板垣しかいないと主張したのである。三笠宮崇仁はこの当時、「若杉参謀」の変名で南京に滞在していた。出かける前の昭和十八年一月七日には、石原が特別に「御進講」を行なっている。「汪先生の今回の訪日」というのは、九月二十一日から一泊二日で汪兆銘が日本に行って東條首相や東郷茂徳外相らに会って、日中全面和平問題を討議したことを意味する。

辻の『亜細亜の共感』では八月の二十日ごろに汪兆銘が二三日訪日したように書かれ、汪兆銘が総司令官に板垣、総参謀長に石原、大使は磯谷中将か、阿部大将を希望したとなっているが、周仏海の日記や『東條内閣総理大臣機密記録』が正確だろう。その後ビルマ方面軍始め、各地に参謀として忙しく飛び回っていた辻の記憶は不正確であろうと思われる。まして汪兆銘がそうした人事の意向を話したところ、東條首相は不機嫌になり「干渉はお断りします」といい、それを自分に話したと書くにおいては彼の願望的表現としても余りに問題がある。『東條内閣総理大臣機密記録』にはそのような談話記録はない。汪兆銘は不可能なことだと始めから話すこと自体考えていなかっただろう。あるいは辻をなだめるために帰国後にそういう嘘をついたかもしれない。

それにしても、南京政府の中でも石原と東條の仲の悪さが知れ渡っていることは凄まじいものがある。ところで板垣を総司令官に、石原を大使にという案は、石原の予備役編入が決定した時点で当時参謀本部作戦課にいた服部卓四郎が陸軍大臣東條に直談判したのが最初のようだ。前記の服部の回想では、「話の途中から東条さんの額に青条《あおすじ》が立ってきた」。そして「若造は高級人事に触れるものでない」と強くたしなめられたという。

辻は自分の案が日本政府に反映されなかったと思ったのだろう。『周仏海日記』（十月十四日）には、軍事顧問の岡田大佐の話として、辻が重慶に和平の意向があれば、自分は命を犠牲にしても重慶に飛ぶ、といっていることを聞き、「もしもそのような日が来るなら、余も必ず随行する」という記述がある。

辻がそうしたいと思っていたことは『亜細亜の共感』にも書かれている。昭和十八年の暮れ、上海福民病院長の頓宮寛が、重慶に来てくれとの連絡があって辻に相談にきたという。頓宮は約三十年間、中国人の治病に尽してきて重慶政府要人にも知人が多かったからだ。これをきっかけに辻の重慶行きの経略が始まる。重慶の使者との接触談も詳しいのだが、畑俊六司令官の許可を受けて東條首相にこの話をしに行く。その日はくしくも昭和十九年二月十一日の紀元節で、許可が出て、翌日には首相は天皇に上奏したと赤松秘書官から聞かされる。翌日の上奏は『東條内閣総理大臣機密記録』にあるが、辻と東條との三時間あったという会見はこちらには出ていない。赤松の『東條秘書官機密日誌』にも出て来ない。記録しなかったか、辻の創作かは判らない。

『亜細亜の共感』では、東條の許可を受けたという重慶行きは柴山兼四郎南京政府最高軍事顧問の反対で潰えたということになっており、勘でいうことだが、このことは事実であろう。汪兆銘は東條との前記の会見で、妻の陳壁君がアモイに住む孫文の最初の妻を通して重慶に住む息子の孫科と和平工作をしていると述べるのだが、辻はこれを陳の嘘だと書いている。辻の汪兆銘に対する敬愛の念は尋常でないほどだが、その妻を彼が信用しないこと自体、重慶との和平工作がいかに難しく、謀略と真実が区別しにくいかの現われだろう。柴山もそのことに懸念を持ったのではないか。

辻がこの南京滞在中になした大きなことは、蒋介石の母の墓前祭をしたことである。これは三笠宮の発意であった。昭和十八年十一月二十五日のことである。

蒋介石の故郷は浙江省奉化県の渓口鎮であった。前日、近くの寧波では日中軍官民戦没者の合同慰霊祭が行なわれ、辻は総軍司令官の代理として弔辞を読んだ。翌日の墓前祭には蒋介石の親類も参加し、号泣する声の中、仏式の盛大な祭が遂行された。式の後、辻は「今は日中は戦っているが、いずれ必ず手を携えて東亜開放に進むだろう」と演説したという。この模様は重慶の新聞でも報道され、蒋介石は嗚咽したらしいと辻は『亜細亜の共感』に書く。

辻は中国に駐屯する日本軍百万の食糧を調達する役目を負っていた。従来は日本の御用商人が買い上げに携わっていたのだが、戦争が長引くと代わりになる裏付け物資が円滑に日本から来なくなった。勢い南京政府の中央儲備銀行券で買うことになったが、そのため銀行券相場がはなはだ値下がりする事態となった。中国人は嫌がる。日本人業者の中間搾取という事態も生れていた。そのために辻は一切の調達を中国人に任せることにした。この過程で辻は東亜聯盟同志の木村武雄に頼った。木村は懇意になっていた中国側の紡績業者に相談した。驚くべきことに、予想を超える六十万トンが集められた。もっともこれには、日本軍の軍管理となっていた上海紡績業の解除措置と交換を求める意味があったようだ。ここには石原莞爾や大川周明、蒋君輝、そして繆斌らの日中和平を求める密かな斡旋行動がある。

『大川周明の大アジア主義』（関岡英之）によれば、大川周明は戦時中、何度も上海に渡航し、当地の綿紡績業の民族資本家たちと会合して人脈を作っている。関岡がいうように、当時は「綿紡績業こそが工業の花形だった」のだ。

関岡によれば、大川の遺品に、「榮伊仁」「榮溥仁」という「申新紡績」を経営する上海紡績業者の名刺が残されているという。二人は従兄弟同士で、榮伊仁の父親は榮徳生、榮溥仁の父親は榮宗敬で兄弟であり、「製粉大王」「綿糸大王」と呼ばれた一代で財閥を作り上げた立志伝中の人物である。実はこの榮徳生、榮宗敬の姉（名前は不明）の長女、項秀錦と一九三一年に再婚したのが、最初の妻を亡くしていた繆斌である。つまり彼らはこの当時、縁戚関係だった。

日本人との人脈が広かった蒋君輝は中華民国紡績聯合会秘書長であり、後述する繆斌工作にも深く関係している。彼と石原莞爾の初会見は昭和十八年一月八日のようで、大川周明の斡旋で、場所は目黒にあった《大川塾》こと、「東亜経済調査局附属研究所」である（石原日記は空白である）。既述したように、その前日の七日には石原は三笠宮に御進講を行なっている。この会見は蒋君輝の回想録『扶桑七十年の夢』では昭和十七年一月となっているが、記憶違いであろう。南方戦線で負傷した辻政信を見舞ったとも書いており、それが事実なら昭和十八年初めのことになる。

蒋君輝はこの本で木村武雄をかなり高く評価しているが、それは上海紡績業の日本軍管理解除に大いに尽くしてくれたことも念頭にあったのだろう。むろんこれに繆斌が協力していたことも間違いないはずである。

大川周明の上海行の目的を「反重慶派の民族資本家を懐柔することで、中国の国内世論を停戦に導こうとしていたのであろうか」と関岡は推測するが、間違っていないだろう。

辻政信が第三十三軍高級参謀としてビルマに赴くのは昭和十九年七月のことである。彼が再び中国に戻ってくるのは戦後のことになる。

繆斌工作

昭和二十年三月、上海からただ一人、通訳を連れた繆斌が日本の軍用機に乗って東京にやってきた。早期に日中和平を達成し、英米との和平斡旋をも視野に入れた目的を持っての来日だった。成算はあった。蔣介石の側近である藍衣社の戴笠との間に連絡が取れていたのである。繆斌はこのルートにおいて早期の和平を達成し、戦況が日本にとって絶望的である状況を打開できると踏んでいたのである。これには東條内閣から代わった小磯国昭首相も乗り気であった。上海に住む繆斌と田村真作の東亜聯盟運動者による最後の和平工作である。しかし重慶ではこの期限を三月末までと指定していた。

繆斌は新民会から中国東亜聯盟にその活動の軸足を移しており、華文の『東亜聯盟』の編集発行に携わり、日米開戦前には自分の事務所を上海のキャセイホテル五三五号室に定めていた。上海に移り住むと繆斌は重慶との連絡をつけようとする活動を密かに進めていた。その活動の中で、上海在住の「張」という重慶とつながりのある大物と接触するようになる。藍衣社の戴笠と直接無電連絡をつけられる人物であった。この人物が憲兵ににらまれた。逮捕されるという寸前に彼は地下にもぐった。そのため憲兵は彼の母親や妻子を身代わりに拘留したのである。

辻が参謀として南京にいる昭和十八年秋のことであった。繆斌と田村真作は辻に救助を求めた。辻は同郷でもあった山崎特高課長に談判して、釈放してもらった。このことが「戴笠の琴線に触れた」（『亜細亜の共感』）と辻はいう。「張」は戴笠の片腕と恃む人物で、それからこれ以降、戴笠と繆斌の間が接近し始めるのである。辻はビルマに飛んで去り、工作の中心は田村となり、彼が東京と上海、南京を往復した。緒方竹虎情報局総裁、総理となっていた小磯国昭が非常に乗り気となり、東久邇宮稔彦王が田村を励ました。小磯の代理として山県初男が上海までやってきて下交渉を持った。

「張」は戦後、その正体が藍衣社の大物で陳長風を名乗る人物（本名・顧敦吉）であることが判った。敗戦後、辻が重慶に潜入しようと考えたとき、その便宜を図ったのは家族を救われて恩義を感じていた彼である。

彼らの繆斌を使った工作の背後にあるのは、日本の敗戦が決定的になっている現在、その敗戦後に当然顕在化する国共対立という難問であった。共産党に乗ずる隙を与えないで、満洲を含めた日本軍占領地を接収しなければいけなかった。「もし日本軍が重慶側に関係なく、勝手に兵力を引き揚げたら、その後には必ず共産勢力が侵入するだろう」（『繆斌工作』）。興味深いことは、この意見は周仏海が日米開戦前に日記に書き、危惧していたことと同じである。できるだけ円滑に日本軍の撤退と重慶国民政府の南京還都と満洲接収が行なわなければならなかった。「張」と繆斌、田村は連日語り合い、方策を練った。日本派遣は田村、繆斌、通訳無電技師を含め、七名という陣容である。ここには「張」配下の重慶の者もいる。蒋介石の諒解が取り付けてあった。

繆斌や田村真作は先の先まで読んでいた。既に日本の現状は単なる和平では済まない。満洲国も南京政府も解消という譲歩が必要だと彼らは認識していた。そうして対米和平が実現すれば、重慶軍と日本軍でソ連＝共産党軍への防備も可能になるとの想定である。繆斌には『新民主義』という著作があるが、これには仮借ない蒋介石批判が述べてある。つまり彼の今回の行動は対重慶敗北を自覚したことでもあった。

しかし日本軍、南京政府関係者はこれに激しく抵抗する。結局繆斌一人で来日するしかなかったのだ。田村は遅れて東京に着く。繆斌は東久邇宮や緒方総裁と会見し、緒方はそれを小磯総理に取り次ぐ。小磯はこの繆斌を使った重慶工作をやることを最高戦争指導会議に諮ることにした。緒方が特別に会議に出て話した内容に真っ向から反対したのが重光葵外相であり、杉山元陸軍大臣、梅津参謀総長であった。出席者は全部消極的意見で、東久邇宮が後日彼らを招じて説得しても無駄であった。小磯はこの問題を聖断で活路を開こうとしたが聴かれず、外相や陸相、海相が天皇のご下問に反対の奉答をするという事態転回となって、四月三日、内閣はあえなく瓦解した。

繆斌からの書状を貰い、石原莞爾がはるばる会いに上京してきたのはこの日である。彼らは五條珠実宅に泊まり、一晩中語り明かしたのだった。お互い名前は知り、同志だといっても会うのは初めてであった。かつて関東軍参謀副長だった石原が満洲を去った夏の二ヶ月後、繆斌は満洲視察に訪れている。小山貞知の『満洲評論』(昭和十三年十月十五日号) にその記事が載っている。一足違いで彼らは会えなかったのである。

翌日、石原は午前に東久邇宮、午後に阿南惟幾大将に会いに出かけている。現状打開の道をさぐろうとしたがむなしく、翌朝帰郷するしかなかった。繆斌は希望していた日本の桜を見ることはできたが、彼もむなしく四月末に帰国する。

繆斌を信用しなかった急先鋒は重光外相であった。彼には南京政府大使時代に繆斌と接触があったのである。彼は繆斌を「政商」、「蒋介石が重慶に退却した後に日本軍占領地区に於ける策動の一布石として残された人物と見て差支はない」と断言する（『重光葵手記』）。重慶からの工作者だというのだ。

その証拠として彼が指摘するものは、重慶と通信していることが暴露して、昭和十七年四月頃、汪兆銘政府に逮捕されたことである。これは大使館の中村豊一参事官の要請によるもので、何応欽と連絡を取ろうとしたものであった。事情を知った重光は彼を釈放するように南京政府に依頼する。結果的に繆斌は立法院の副院長から考試院副院長として左遷された。重光はそれで繆斌を工作員だと解釈するのである。「繆斌は上海に事務所を持つて対重慶和平を餌として釣つて置いて、盛んに南京政府の内幕を暴露して情報を供給して、以て南京政府の解消と日本側内部の攪乱工作とを一挙に獲得し、重慶側とは無線を以て連絡して居る状態である」と描写する。

外形的なところは間違いがないだろう。しかしそういう危うい二重スパイか謀略まがいに見えることをしなければ、東亜聯盟の考える《全面和平》は実現しないのである。東亜聯盟とはいわなくても、重慶の使者は周仏海という南京政府の重鎮と簡単に会見していることは『周仏海日記』を見れば判る。そういう実情を昭和十七年一月から翌年四月までの南京大使時代に彼は知らなかったのだろうか。また重光が繆斌の工作を謀略と断ずるには、繆斌の著作（日本語もある）を読んでいる気配はない。支那事変以前からの彼の思想行動を調査したとも思えない。彼ほどの親日派はいなかったのだ。

繆斌の二人の息子、中と弘は彼に背き、父が考試院副院長に左遷の頃、重慶に脱出した。二男の弘は後に志願兵となり、終戦末期、十八歳で戦死することになる。それなのに彼は日本のための和平使節を買って出ていたのである。

重光の手記に出てくる繆斌観は、一流の外交官重光とは思えない粗雑さである。来日した彼に会ってみる気もなかったようだ。

ただ南京政府ができてからの「桐工作」始め、数限りない重慶工作の失敗や無駄骨、徒労感が関係する軍人や外交官たちに、この〈繆斌密使〉を信用できない思いにさせたということもあるだろう。重慶にしばしば使者を出していた周仏海もそうした中国人であった。そうした体験から、彼は全面和平を考えるより南京政府を強力にして、民生の充実を図り、政府管下の暮らしがよくなることを考え、それを日本にも要請するようになっていた。

汪兆銘の没後、名実共に彼が南京政府の中心であった。汪兆銘の納棺後まもない十一月十六日、繆斌は周仏海と会見している。「重慶は米軍が中国に上陸する前に日本軍の撤退を望んでいる」と繆斌は重慶の消息を伝えた。それに対し、周仏海は撤退する日本軍に重慶軍がかさにかかって攻撃しないことを望む、そういう返事をしてもらいたいというと、「その必要はない、自分が重慶を代表できる」と繆斌は答えた。周仏海はあきれてしまう。「無知にも程があるというもので、もう彼とは交渉しない」と日記に書く。

そうした周仏海の意見が今井武夫支那派遣軍総参謀副長や、南京政府最高軍事顧問の矢崎勘十らの軍人、清水董三日本大使館書記官らの日本人関係者に伝わったことは間違いなかろう。東亜聯盟運動にも関わっていた矢崎が動かないのではどうしようもない。田村や繆斌がいくら勇んでも、小磯、緒方以外の日本側首脳はただの〈謀略使節〉としか思わなかったようだ。彼に関するネガティブな情報が重光始め、日本政府関係者に送られ、重光もそうした報告を信じたのだろう。重光がいうように、重慶工作は南京政府を通じて行なうという決まりができていた。そうでない繆斌の行動は、「南京政府の解消」という「国際信義に反する」ことになる。

ましてや、繆斌と結ぶ辻政信は初めは仲のよかった周仏海と喧嘩別れしていた。原因は辻が南京着任中、漢口で塩飢饉が起こったことだ。そのため彼は南京政府にやんやの催促をした。政府は動かなかった。辻はやむを得ず、華北方面軍に頼んで鉄道輸送してもらい、漢口住民の危機を救った。それに周仏海が抗議してきたのである。辻は周仏海が「税警団」を配下にしており、わざと漢口を塩不足状態にして暴利をむさぼっていたと非難した。それが二人の仲を決定的に悪くしたのである。辻は戦争という非常時にも関わらず、上海や南京の料理屋に日本軍人が入り浸っているのが気に食わず、強制閉鎖させた男である。同じ謹厳さを中国側にも要求したのだ。事の当否は別として、周仏海が東亜聯盟関係者を不快に思う理由はあっただろう。

ともあれ、周仏海に「自分が重慶の代表だ」と語る繆斌の自信の背後にあるのは、顧敦吉との築き上げた信頼関係だったのであろう。しかし彼や田村の主観とは全く別のところで政治は動いていたのである。

蔣介石の対共戦略

こうした辻の重慶行き工作、繆斌工作など、すべて東亜聯盟の考える対中和平、戦争終結のためのやむにやまれぬ行動であった。

しかしなぜ、重慶の蔣介石は戴笠―繆斌を通して和平工作を進展することをゴーサインしたのだろうか？

横山銕三はそれを二つの理由から説明する。一つは蔣介石が玄洋社、東亜聯盟という大アジア主義の系譜に属する人物、団体につながる繆斌を信用したこと、二つ目は国際情勢の変化に蔣介石が敏感に反応していたからだという（『繆斌工作成ラズ』）。

一つ目は後で論ずるとして、横山は問題は「一年以上も前のテヘラン会談である。カイロに引続く会談に米国は敢えて除いた。またひそかなモスクワ外相会談もある。いづれも中国を殊さらに拒んだ。狡猾なソ連を対日戦に引込むため、中国の領土、権益をソ連に売渡す約束をしたらしいとの情報がある。正に危機迫るだ。ソ連と組んだ共産軍に中国を奪われてはならない」と蔣介石の気持ちを忖度する。

この三つの会談は、一九四三年十月から十二月にかけて連続した。カイロ会談に蔣介石は出て、満洲や日清戦争で失った領土を奪回したい希望はコミュニケで発表することはできた。しかしその他の会談では横山のいうとおり「殊さらに拒」まれたきらいがある。

特にテヘラン会談では、ドイツ敗北後のソ連の対日参戦密約がなされている。蔣介石が怪しく感じていたことは間違いない。ソ連の参戦ということは満洲がソ連の支配下に置かれることである。陝西省の延安を中心にする共産党は華北で着々と勢力を強めており、これに呼応したら中国北部は瞬く間に共産主義支配体制に置かれてしまう。そういう危惧を彼は持った。しかも一九四五年二月の米英ソ首脳によるヤルタ会談では、中国大陸でのソ連の権益復活も決められた。蔣介石はつんぼ桟敷である。ぐずぐずしてはいられない。日本との早期和平を妥結して、対共産、ソ連との戦いに、米英をも引き込まねばならないという戦略を考えたであろうことは間違いないことである。その密使として繆斌を使いたいと思ったのだろう。

周仏海は日記に「国共の摩擦が激化の一途を辿っている。戦時においてさえこうなのだから、和平後は共産党討伐の軍事が再開するだろう」（一九四三年八月十四日）と書いている。この年の三月には蒋介石は『中国の命運』という著書を発表するが、共産党への厳しい視線が印象的である。むろんこの著書に対しては共産党側から強い批判が出た。本が置いてある重慶の数軒の書店は破壊されたともいわれる。

こういう蒋介石の気持ちの傍証として、横山は昭和二十年二月初めの支那派遣軍総司令官岡村寧次に送った蒋介石の伝言を挙げる。「日中両国の提携が大東亜のために緊急なこと、自分は日本のために発言する用意がある、日本を救う者は自分だけだ」というものである。これを岡村は「生意気な」として黙殺した。横山はこれには蒋介石の本音が覗いていたというのである。

この伝言と同じ時期、周仏海は日中和平の条件として、重慶側が東久邇宮内閣の登場を提起してきたと日記に書いている（昭和二十年一月二十九日）。不確かだと書いてはいるが、双方を付き合わせれば本当だった可能性が高い。

蒋介石への石原莞爾書簡

こうした蒋介石の意向を石原莞爾は繆斌から聞いていたのだろう。これを彼は蒋介石の純粋の好意と見たのだ。蒋の母の墓前祭を辻がやったことは『東亜聯盟』誌にも載り、石原も知っていた。これの反応が繆斌工作という形になっていると読んだのかもしれない。むろんこれを蒋介石の対共産党、対ソ連を念頭に入れた戦略であるとも理解していただろう。しかしそれでも日本に少しでも有利な和平がなれば、素晴らしいことではないかと。

こうした蒋介石への好意を彼は持ち続けていた。終戦後の十月六日の京都、朝日会館での「新日本の建設」講演会でも吐露したようだ。講演をもとにした論文で石原はいう。

「以徳報怨」という終戦後直ちに出した蒋介石の日本人及び日本軍に対する中国の対し方は「日本敗退後の東亜に於ける欧米勢力の増強に対抗せんとする政治的意図である如く考へる者も無いではないらしいが、断じて然らず。これは単に蒋介石のみならず中国識者一般の考へであり、孫文の三民主義に基く不動の信念である」と手放しで称揚する。あるいはGHQによって解散させられた東亜聯盟の後継団体である国民党の指導原理書として作られた「新日本建設大綱」(昭和二十二年二月)においても、「蒋介石が直ちに『暴に報ゆるに徳を以てせよ』と全国民に訓諭した事実は、中国の高尚偉大な政治哲学の迸《ほとばし》りとして、我等の永久に忘る能はざるところである」と述べている。

こうした石原の言葉は、「東亜聯盟の結成」「日華の提携近し」「新しき東亜」などの見出しの後に出てくる言葉であり、石原は依然として自分の構想する東亜聯盟構想が可能だとの希望に燃えていたようである。

石原の日記(昭和二十二年二月二十五日)に「稲葉ノタメ書簡三枚」とあるが、これは大陸における東亜聯盟運動員であった稲葉正三の依頼によって、蒋介石、何柱国、胡宗南の国民党の三将軍に宛てでしたためた手紙のことである。蒋介石宛の書簡を引用する。

「拝啓　未だ拝顔の栄を得ず、而も今次世界動乱の起因と相成候満洲事変の重大責任者の身を以て一書拝呈し候非礼、何卒平に御海容賜り度く候。

事変を契機とし、日本の貴国に対する態度を改め、両国の公正なる提携を実現致し度く努力し、日華事変勃発後は国民より相当の支持を得るに至りしも、微力遂に破局を防止し能はざりし事、誠に慚愧《ざんき》の極に御座候。敗戦後は同志一同貴国を始め東亜諸民族に対し、日本の犯せる大罪を懺悔しつつ、真に正しき平和日本の建設に励み度、具体的活動を開始し、国民の大なる共鳴を獲得せしも、日本占領軍当局の理解を得る能はずして今日に及び候。

然し我等は至誠一貫目的の達成に邁進すべき所存に御座候。降伏後、主席閣下の日本に対し示されたる高き道義に徹せる寛容無比の御態度は八千万日本国民の感激措く能はざるところに御座候（以下略）」

「両国の公正なる提携」とはまさに東亜聯盟の結成であり、「敗戦後は同志一同貴国を始め東亜諸民族に対し、日本の犯せる大罪を懺悔」というのはまさに石原の真摯なる心情の吐露であったのだろう。「日本占領軍当局の理解を得る能はず」は東亜聯盟が解散（昭和二十一年二月）させられたことを意味する。「高き道義に徹せる寛容無比の御態度」は「以徳報怨」のことである。当時蒋介石の国民党は共産党との内乱状態にあり、そういう原因を作ったのは蒋介石を重慶に追いやって、その後に共産党を呼び込む無様さを示した日本であるとの認識と謝罪の意味もあったかもしれない。

石原の東亜聯盟構想は彼のアジアを興す思いのアジア主義から出てくる考えであり、満洲事変以前の占領案から「公正なる提携」を求める東亜聯盟への転換は彼の真摯な中国人民への共感からであった。蒋介石はそうした人民の意思を体現していると彼は思っていたのだ。そうでなければ、戦後においてもなお聯盟実現の思いを書簡に託すことは考えられまい。なおかつこの時点で、彼はその実現を日本中心でなく、「高き道義」を持つ中国を中心に考えたと思われる。だから「懺悔」なのだ。

これを依頼したのは稲葉正三であるが、彼は北京で発行されていた中国語の『東亜聯盟』社に勤めながら、日中提携の運動をしていた。繆斌工作のとき、彼も東京にやってきて工作の手伝いをした。

そのとき石原に重慶か延安に行って、東亜聯盟の結成こそが今後の重大課題であることを訴えて理解さすべきだと示唆された。

稲葉は北京に戻り、中国人の同志と図って重慶潜入を企てた。敵地区である河南省界首まで行き、国民党軍の司令官と知り合う。それが何柱国将軍であった。満洲出身で日本陸軍士官学校も卒業し、石原の名前も知り、『東亜聯盟』誌まで持っていた。ここで稲葉は日本の敗戦を知る。何柱国は重慶に行っても多忙極まる蒋介石主席と会うことは無理だろうといい、自分は東北行営（満洲）の参謀長となったから、東亜聯盟精神で満洲で自分の手伝いをしてくれと稲葉を説得する。彼は石原宛の手紙も稲葉に託した。稲葉は了解し、ひとまず北京に戻る。しかし何将軍は重慶でソ連の謀略によって失明したという情報が入る。

それ以降何柱国との連絡は途絶えてしまう。中国人の同志はひとまず稲葉を第一線区の北京弁事処に移した。その司令長官が蒋介石直系の胡宗南であった。延安攻略に備えた国民党の精強軍だった。胡宗南の地下工作員である趙大峯と渡邊渡少将の交流は、本書の姉妹編ぶある『石原莞爾と小澤開作』に書いている。胡宗南軍はその後一時期だが、延安を攻略、占領した。この胡宗南軍の幹部将校と東亜聯盟中国人同志の間に、「黄海学舎」という新しい日中提携を策する秘密結社が作られたのである。中国東亜聯盟の後継団体と考えていいのだろう。

昭和二十一年の暑い時期、稲葉は胡宗南の命を受けた。日本に渡って、敗戦後の日本の情況と政治経済を見てどのような日中合作の道があるかを探ってくれという。

こういう経緯があって稲葉は帰国し、石原と会ったのであり、話を聞いた石原は三名への手紙を書いたのである。稲葉はまた自分が敗戦のショックで界首を流れる沙河の濁流に身を投げ、中国人に助けられた話もした。彼らは「戦争の勝ち負けは悠久の歴史から見れば小さなことだ、我々は悠久の消えないものを握って生きていこう」と稲葉を激励した。稲葉は「東亜聯盟は敵地区に生きていた」と感じたのである。

裏切られた石原莞爾

稲葉の話を聞いた石原は感動して手紙を書いたのだろう。蒋介石も大アジア主義を奉じている。しかし――。

彼には繆斌の運命がどうなっていたか判っていたのだろうか？　繆斌は昭和二十一年五月二十一日、漢奸第一号として蘇州刑務所で処刑されていたのである。この情報が彼に入っていたかは彼の日記や稲葉の書いた「手紙の由来」では判らない。仮に稲葉から処刑情報が入っていたとすれば、この書簡は余りにも甘すぎるきらいがある。蒋介石の対日和平の意向を携えてやってきた繆斌が、その理由を以って処刑されたのだとすれば、蒋介石の処置は余りにむごいではないか？　ただ利用されて棄てられただけではないか？　せめてその理由を問い合わせるところがあってしかるべきではないか？

この手紙は石原没後、蒋介石も台湾に逃げ込んだ後の昭和二十七年四月に蒋介石に渡っているという。ちなみに、稲葉は中国には結局戻れなかった。

台湾というならば、この書簡の日付に注目いただきたい。この昭和二十二年二月二十五日はあの「二・二八事件」が起きた三日前なのである。

二月二十八日に、ヤミ煙草売りの老女が国民党警察にひどい仕打ちを受けたことから台湾中に暴発した二・二八事件は、むろん突然起きたものではない。台湾人の不満の累積の結果なのだ。聯合軍の指示で台湾に進駐してきた国民党軍を最初は祖国への復帰と期待し、歓迎した台湾人は、すぐさまその実像に失望の思いを露わにしていた。

日本統治下、五十年の歴史で台湾は豊かな近代国家の一部分となっていた。むろん不満はある。台湾人はどうしても日本人の下に置かれていた。台湾の独立、自治への思いは彼らが高度に文明化されればされるほど、強くなっていった。それは日本の敗戦が台湾の放棄を意味する（ポツダム宣言）と同時に、中国への復帰待望となって熱狂の渦となった。しかしそれを実際の国民党軍、中国人は裏切ったのだ。

日本の新聞でも、二月の終わりから三月末にかけて台湾暴動の記事がかなりな頻度で掲載されている。蒋介石の事件に関する声明も三月十日に出され、日本軍に徴用されていた者の唆しだとか、共産党員の策謀とかの表明がある。

この事件で台湾の将来をになう知的青年を中心に三万人もの虐殺が行なわれたとされる。おそらくこの一ヶ月中のことだろう。この後、台湾には蒋介石が声明で保障した憲政などは執行されず、李登輝政権の登場まで約四十年に亘る戒厳令下の暗黒時代となるのである。

こういう歴史から逆算すれば、石原書簡のあの内容はブラックユーモアとしかいいようがない。石原の日記にはそのような台湾暴動関係記事は見られない。さすがの彼にも実情は判らなかったのであろう。生き続けていたとして、彼は依然として蒋介石を中心にした東亜聯盟を夢想していただろうか。そうだとすれば彼はまさに裏切られていたのだ。戒厳令下に呻吟する台湾人の実情を知れば、蒋介石＝国民党政府の覇道行為を強く非難したであろうことは疑いない。彼の考えた王道による統治であるはずはなく、「東亜諸民族の道義的結合」（「新日本の建設」）とはそれは全く無縁のものであるからだ。

また書簡にある「日本の犯せる大罪」とは、あの〈南京虐殺〉事件なども念頭に置いているのだろうか。

側近の山口重次は関東軍参謀副長時代の石原に、欧米の通信記者が二人訪ねてきて、南京事件に対する見解を聞きにきたと記している（『満洲建国への遺書』）。それに対する石原の見解は以下のようなものである。「日露戦争までの日本の戦争は古来の武士道を奉じていたが、その後欧米文化の輸入が甚だしくなり、道義が廃れ、軍隊の風紀も低下したから、あなた方がいう虐殺もありえないことではない。あなた方が見てあったとすればあったのだろう。だからお詫びする」。

ただし、石原は八路軍は同民族相手にも残虐行為をなす。南京で日本人相手の通州事件のようなものが起きて、日本軍が逆上したのかもしれないとも答えている。

そういうことはなかったし、南京陥落後に相当数の捕虜を射殺、処分したことは事実である。しかしそれは掃討戦の延長上のことで治安回復のためである。城内の治安が安定した後は平穏な日常が回復している。

注目すべきことは、唐生智南京防衛司令官が日本軍の南京攻撃前夜に、部下を放り出して逃亡するという事件が起きていることである。後を任された代理もいない。そういう所で、軍服を脱ぎ捨てて市民が隔離されている安全区に逃げ込む、あるいは何千人もの捕虜が暴動を起こし、我先に逃げようとしたりするのである。不祥事が起こるのは避けられないことだろう。武装解除を含む統率された降伏の儀式が行なわれていたら、ほとんどのそうした行為は避けられたのである。

あるいはそういう不祥事を唐生智がわざと起こさせようとしていたとも考えられる。無秩序化した軍隊を放り出すことで、日本軍を困らせることを考えていたのだと。彼は昭和二年の蒋介石軍の北伐時にできた共産色の強い武漢政府の要人であり、租界の強制回収を行なって日本人居留民に死者を含む多大の損害を与えていた、いわば日本には前科者であった。

そして国民党の軍隊はドイツの軍事顧問によって近代的な軍隊になっていたというが、それは一部でしかなかったようだ。上海攻防戦から敗退した後の中国軍は、元の木阿弥の無頼漢、匪賊軍に戻ってしまっていた。周仏海の貴重な証言がある。彼は十一月二十日に南京を離れ、長沙に逃れた。土地の古老が彼に語った。「傷兵が地に満ち、散散に悪事を働いている。これから日本軍のやってこないうちに、恐らく傷兵や退却兵、さては匪賊の蹂躙の下で、自分らは生き残る者なく亡びてしまうだろう」(「回想と前途」『中華日報』一九三九年七月二十二〜二十四日)まさに敗残兵は同民族相手に「三光」を行っていたのだ。

注目しておくべきことは、これと同じ低レベルの兵隊が台湾に進駐してきたことである。石原は満洲建国後の八月二十三日に書いた「満蒙計略に関する意見」で、「漢民族は優秀なる民族なりと雖も、自ら近代国家を造る能はざるものと断ぜざるを得ず」と透徹した意見を述べていた。台湾の実情を知れば、そうした見解を抱いていた自分に戻っていたであろう。謝罪の必要などなかったのだ。

仮に共産軍と戦う蒋介石への同情があったとするなら、蒋介石が戦争中に対日「全面和平」を実現しておけばそういうことにならなかったともいえる。「以夷制夷」政策を使ってアメリカ頼みの日本打倒を画策しただけの彼に、石原は謝罪も同情も必要なかっただろう。

辻政信の中国潜行と腐敗を極める中国国民党

しかし繆斌の処刑も知り、台湾の暴動の真の理由も理解していた東亜聯盟の同志がいた。辻政信である。山形の寒村吹浦にある西山農場からほとんど動けない病体の石原より、その中国認識は実見したものであるだけにすこぶる深刻なものがある。

辻の戦後はビルマから転進していたタイで始まった。タイにある藍衣社の者たちと交流が始まり、彼らの首領である戴笠と連絡が取れ、重慶に向うことが決まったのは十月の終わりであった。むろんこれには前出したように、顧敦吉の家族を救ったという事実が彼の重慶行き希望に対する好意と配慮となって現れたのである。辻の願いは「重慶に赴き、戴笠将軍及び蒋主席に会見し、日華合作の第一歩を開きたい」(『潜行三千里』)ということであった。稲葉も同じ希望であったろう。石原莞爾指導下の東亜聯盟結成の火のような熱意を敗戦になっても彼らは棄てなかったのだ。

十一月一日に辻は藍衣社の若者たちの警護と案内によって、バンコクから出発する。鉄道や船、おんぼろ車、中国に入ってからは飛行機も使った彼の旅は年を越す。仏領インドシナに入り、メコン川やハノイを経由して昆明、そして重慶に入った。昭和二十一年三月十九日の夜である。

独立運動が盛んになっていた仏領インドシナには約三ヶ月ばかり滞在する。そこには独立軍とフランス軍の戦いがあり、独立軍の中にうごめく共産党員もいた。中国国民党軍に武装解除された日本軍もおり、辻はそこで幾人もの旧友と出会っている。中国兵は関門を設けてベトナム人の持ち物を検査し、「禁制品だ」といって、ほとんどを取り上げる。はるばる農村から野菜を売りにきた老女の一日の売り上げを没収するようなことをやっていた。

以下、体験記『潜行三千里』から引用する。

「フランス人に向けた安南青年の銃口はかくして遂に中国軍に向けられた。ここかしこに安南独立軍と中国兵の衝突が起こっている」「中国軍の不軍紀のお蔭で日本軍の声価が高まって来たことは嬉しくもあり、悲しくもある」

「ハノイの夜は今をときめく中国の高級軍官で独占されているようだ。日本軍から接収した自動車を私有とし、目ぼしい洋館を住居とし、妾を置いて抗戦八年間抑えられてきた本能を、この一年内に取返そうとするかに見える。商店と食堂と劇場は中国将兵で埋められ、無銭飲食と強制買上げで何処にも安南人との喧嘩が起きている。街の秩序は辻々に立った剣付鉄砲の兵隊でどうにか維持されてはいるものの、底流に潜む感情は先鋭、不穏なものを見逃し得ない」

「日本軍を送り、自国軍を狂喜して迎えた華僑も、予期しない虎狼のようなお客を見て、さすがに愛想をつかしている」

「日本兵の丸腰で散歩する姿も稀にはあった。その姿を見つけた安南人は、親しそうに手を伸べて小さい声で『日本兵上等、中国兵上等ない。』といいながら市価の二、三割引に負けている」

「帰国を前に戦犯に怯え切っている日本将兵の弱点に乗じ、戦犯管理の中国側の責任者から堂々と金條を要求し、越弊（安南金）数百万円（現在の数億円）を強要した」（金條は延べ棒のこと、本の出版は昭和二十五年だからその時代の物価である）

「日本の軍人にこんな金がある道理がない。ただ中国側に国家の公金として正式に引渡す軍用金の中から賄わなければならぬが、これを差引いて公金の額を減らすことは、中国側接収委員の少しも意に介するところではなかった」

「邦人経営の商社や物資の接収に於ても、現物と目録とを完全に一致させたものは殆んど全部落第した。表外に少くも三割以上を控除して、接収委員の自由処分に委したものだけは無条件に合格した。否、言外に、さらには露骨にこれを要求した結果である」

「漢奸の名の下に目ぼしい金持の華僑は百数十名検挙せられ、裏口から身代金を強要して応じたものは即日釈放されたが、どうしても肯かないものは罪の有無に拘らず断罪された」

「悲しい哉、永い間、戦う敵の国民政府陣営内にこそ真の友人ありと求めて来た希望は、現実の前に淡雪のように消えねばならなかった」と辻はハノイで痛切に思い知らされるのである。

おそらくこれと同じ接収光景が台湾でも繰り広げられていたのだろう。秩序ある法治社会に慣れていた台湾人には想像も及ばないことばかりが現出したのだ。二・二八事件への道は必然だったのだ。

繆斌処刑

しかし辻はやはり重慶へ赴こうとした。戴笠の側近である顧敦吉の手紙が彼の下に届いたからである。それが彼に勇気を与えた。

重慶に着いた辻の下にバンコクからハノイまで通訳で来てくれた王意凱から手紙が来た。辻が「幾百人という中国人に接した中で、真に清廉正直な青年はこの王意凱だけ」と書く人物である。辻がバンコクの藍衣社に預けていた荷物、日本将兵の遺骨やその供養金が盗難に遭い、遺骨も金もなくなっていた、「中国の現状は外国人のあなたに見られるのが恥ずかしい」という内容の手紙である。辻が渡した旅費には手をつけずに送り返してきた。

辻は藍衣社の工作員の仕業だと推測する。「金に眼がくらんで遺骨までも盗み、捨てたとすると彼らの仲間に相違ない。戦時中、生命を賭けて戦つたこの青年達にも、勝利の後には本能が頭をもたげたらしい。金の前には道義もなく、面子もない中国人に帰つた」。

三月二十四日、辻が面会を痛切に待ち望んでいた頼みの綱の戴笠が飛行機事故で亡くなった。顧敦吉も同乗していて同じく死亡した。大変なショックが彼を襲う。

藍衣社を率いる戴笠は、辻によって以下のように形容される人物である。

「蒋主席と同郷で、黄埔軍官学校の愛弟子であつた。北伐革命時代にはまだ学生の身分で従軍し、情報勤務に敏腕を謳われ、赫々《かくかく》の功業を樹て、西安事変には身を挺して主席を死地より救出し、抗日八年の戦争中、軍統局（藍衣社）を一手に掌握して敵と共に味方をも慴伏《しょうふく》させた話は余りにも有名である」

「彼は階級を超えた存在であつた。権勢におもねらず、主席には苦言、直言を呈し得る唯一の人であり、宋美齢と休んでいる室にでも随意に入れる唯一の人であつた」

「孔祥熙が行政院長であつた戦争の初期、インドから飛行機を利用して大規模の密輸をしているのを見つけて、主席に迫り、これを更迭させたのも彼であり、宋子文を殺しかかつたのも彼であつた。凡そ脛に傷をもつものはこぞつて彼を恐れ、彼を中傷するにもかかわらず、彼はその持前の馬面《うまづら》に軽く受け流して、誰憚らず貪汚を銃殺し、敵に内通するものを清算した」

「彼ほど多くの人を殺したものは中国の永い歴史にも少いだろう。しかし不思議にも民衆からは愛されていた。これは彼が清廉であつたことと、彼の殺したものが貪汚売国の徒であつたからだ」

戴笠の死は、繆斌の運命に大きな影響を与えた。南京政府にいた繆斌は漢奸であった。国民党軍の李長江を帰順させていた。致命的な行為である。しかし辻は戴笠とのつながりがあるから安全だと思っていた。しかし繆斌は逮捕され、裁判にかけられ死刑判決を受け、上告も許されず、五月二十一日、蘇州刑務所で処刑された。わずか一週間の間のことだった。まさに暗黒裁判である。

辻は「新しい日本と、勝つた中国との合作」「東洋平和の建設」に進んで欲しいとの意見を血書で蒋介石宛に書き、その付帯条項として、「南京政府の大小漢奸を一律に海のような宏量で寛容すること」をも入れていた。これは主席も読んだというが、「しかし残念ながら採用されなかった」。繆斌は漢奸第一号として処刑された。

共産党は繆斌工作を蒋介石の対日屈服交渉だと批判した。口止めとして繆斌は処刑されたらしい。辻によれば中国の大新聞には東亜聯盟を石原の偽装された侵略主義だと批判するものもあったという。要するに繆斌の存在が都合悪くなったのだ。石原莞爾はそうしたことも知った上で、蒋介石に手紙を書いたのだろうか？　しかし繆斌はただ利用されたに過ぎないのではないか？

辻が助命を願った南京政府の重鎮、陳公博、褚民誼、林伯生と次々に処刑、辻と仲違いした周仏海は獄中死した。中山陵麓の梅花山にあった汪兆銘の墓はセメントで固められていたが、爆薬を使って爆破された。汪兆銘の妻、陳壁君は裁判で「日本と提携したことは孫文の大アジア主義に基くもの」と堂々と陳述し、無期徒刑で獄につながれた。みな彼が支那派遣軍時代に知っていた仲である。繆斌始め、そうした情報を彼は新聞でむさぼるように読んでいた。勝者の寛容などはどこにもなかった。

蒋介石は五月二日に南京に発った。敗戦後、国民党の首脳たちは大陸にある日本軍百万が本当に武器を捨てるのか、疑心暗鬼だったという。なんのことはない、蒋介石の「以徳報怨」というのは、実はそうした今も武器を持つ百万の日本軍への「鎮静剤」として放たれたものだと辻はいう。そして日本人の工場や財産、武器を接収できることが本当にできるのだと判ると、「軍、政の大官は家の子郎党を各方面に派遣し、子々孫々までの財をここに一挙に獲得した。指を食わえ《ママ》て見ていた共産党が国民党と和するはずはない。腕ずくで取り返そうと、早くもこのときに決意を固めたのである」。

蒋介石の高い道義もへったくれもない。実情はこうであった。辻もまた七月一日、南京に飛行機で降り立った。辻はここで国防部に勤め、対中共工作、軍事作戦立案に協力することになった。ここでは帰国できずに留用されている日本軍人将官とも出会い、ともに仕事をすることになった。後には日本から〈国賓待遇〉の元将校も二人船でやってきた。後年、国民党軍が台湾防衛のために日本から非公式に要請した「白団《パイダン》」と規模は違っても、対中共戦に協力することでは同じだった。以下、彼の南京での中国観察である。

「若い青年で本を読んでいるものは殆んどない。それにしても毎晩のように食う、飲む、賭ける、買う（淫）ものは中、下級勤務員の九〇パーセントを占めている。朝の三時まで隣の部屋で騒がれた。（中略）軍、政の大官が一人で大概二、三軒の大きな洋館を分捕って、第二、第三夫人を囲っている。強いものに巻かれる永年の伝統か、敢えてこれを異とするものもなく、憤慨するものもない。俺達も早くああした身分になろうと寧ろ憧憬の気持さえ持っている。これが中国官吏の裏面であった」

「感じたことは、中国軍人が軍事能力において極端に低く、遊ぶことと、金儲けをすることが上手な点であった。三年間経理をやったものは、罪の取調べをやらずに銃殺してよいとさえ言われている。影法師を作って、偽印で棒給を二人前貰う少将があるかと思うと、先払いされた全員の棒給を、月末ぎりぎりまで渡さずに、高い日歩で商売人に貸すことは茶飯事であり、官物購入の値段を商人と結託してごまかすのは将兵共通の役得である」

どこが高尚な、そして新たなる中日合作であろうか？　辻は彼のいう〈青痰〉を部屋の内外あたり構わず吐き散らして布靴で踏みしだく、男女を問わぬ中国人同僚に悩まされながらこうした観察をしていた。

いつも行く床屋の親父が話しかけてくるようになっていた。

「日本軍がいたときのほうがよかったよ」

かつて繆斌は「中日危機之猛省」を書き、その中で中国には「政治的腐敗」「道徳的堕落」の問題があると痛切に指摘していた。問題は改善されることなく、彼自身がその犠牲となったのである。

石原莞爾と向井敏明

やがて日本の戦犯裁判が開かれる。酒井隆中将がこの年の夏、そして翌年四月、谷寿夫中将がともに南京の雨花台で処刑された。頭を撃たれ、血を吐いた二人の大きな写真が、これ見よがしに新聞にも街中にも掲げられた。

気持ちが収まらぬ辻は新聞の写真を自室の壁に張り付け、「以徳報怨？」と書き付け、部屋に入ってくる中国人同僚たちに見せつけ、抗議の意を表した。いずれも死後数日そのまま放置され、衣服は暴民に取られるまま、飢犬や鳥のなすがままであったらしい。

昭和二十二年の暮れには東京日日新聞の百人斬り競争報道を基に戦犯とされた向井敏明、野田毅、そして山中峰太郎の小説のモデルとなって三百人斬りをしたとされた田中軍吉の三名が南京に連れてこられた。どんな弁明も取り上げられることなく彼らは有罪となり、翌二十三年一月二十八日に雨花台で処刑された。

辻は新聞で、処刑の模様も報道された彼らの遺書の中身（自分らの死によって中国人民の恨みが晴らせるなら喜んで死に就こうとの趣旨）もかなり詳しく知っていた。しかしどうすることもできず、「証拠をただ古新聞と小説だけに求められては何とも言えぬ」とただ慨嘆するしかなかった。ここでも「本当に以徳報怨なのか？」という自問自答は何度もしたであろう。

わら半紙に書かれた向井敏明の遺書には以下の通り書かれている。

我ハ天地神明ニ誓ヒ捕虜住民ヲ殺害セルコト全々ナシ南京虐殺事件等ノ罪ハ絶タイニ受ケマセン
死ハ天命ト思ヒ日本男子トシテ立派ニ中国ノ土トナリマス然レ共魂ハ大八州島ニ帰リマス
我カ死ヲ以テ中国抗戦八年ノ苦杯ノ遺恨流レ去リ日華親善東洋平和ノ国捨石トモナレバ幸テス
中国ノ為奮闘ヲ祈ル
日本ノ敢奮ヲ祈ル
中国万歳
日本万歳　死シテ護国ノ鬼トナリマス
天皇陛下万歳
十二月三十一日

向井敏明

向井敏明は第十六師団に配属の将校だったわけで、昭和十四年後半から師団長となった石原の部下となっていた。石原を崇拝しており、「我々が信頼と尊敬し誇と致し居ります閣下」（昭和十六年五月二日）と毛筆で書かれた石原宛の巻紙の手紙もある。それがこういう遺書の「日華親善東洋平和ノ国捨石」「中国ノ為奮闘ヲ祈ル」「中国万歳」という記述となって表れている。

　他の石原宛書簡には、「東亜聯盟の一分子として」と書かれたものもあり、側近の渕上辰雄に宛てた手紙では、聯盟会員の集会をどうするかなどの相談がされている。別の側近であった保坂富士夫（精華会）との交流も書簡で知られる。熱心な活動家だったのだ。

　彼の縁者への遺書の欄外には、「石原莞爾様ニ南京ニ於テ田中軍吉氏野田君三名散ル由ヲ伝達乞生前ノ御高配ヲ感謝ス」と書かれ、痛切な無念の想いが込められている。

　田中軍吉も石原を尊敬していた。石原が昭和十

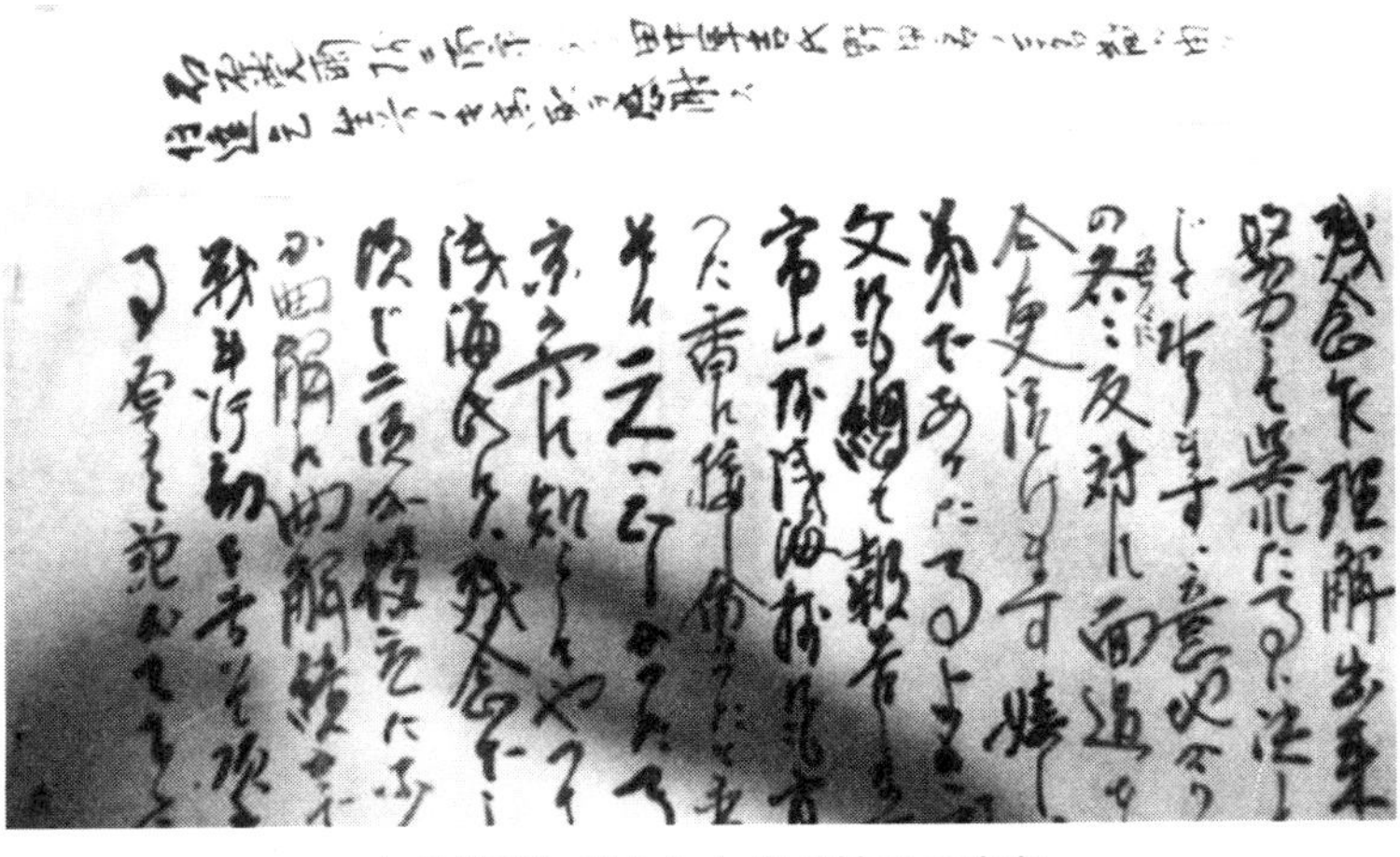

わら半紙に書かれた向井敏明の遺書

六年三月に出した「退役挨拶」は田中にも届いていた。彼の石原への返信には、「偉材を失へる軍の為に遺憾を感ずると共に思ひ掛けなき達識の指導者を贈られたる一般民衆の為に慶祝せざるを得ず候」、「今や閣下の御存在そのものが既に重大なる意義と絶大なる価値とを時局に有するものと愚考罷在《まかりあり》」とある。

彼ら三名の処刑が石原に通知せられたかは不明である。もし知っていたとすれば彼は絶句するしかなかったろう。

一つ彼の気持ちを推測する材料がある。石原莞爾に心酔し、満洲事変でも活躍した伊達順之助の死刑判決である。

戦後戦犯として青島で捕えられた伊達は日本の華族でもあり、裁判は簡単には決着しなかった。監獄に入れられてからは石原、そして側近の田中久もその立派な人格を証明する書面を裁判所に提出している。しかし昭和二十三年六月一日、遂に死刑判決が出た。それを知った石原は何応欽や白崇禧宛に助命嘆願書を書いて送った。石原はその書簡の中で死刑と聞いて「驚愕罷在候」と書き、伊達のことを「幼にして儒学と禅学を中軸とする東洋倫理を以て育まれ夙《つと》に東亜復興《そうきょう》に志すところあり。自ら進んで日本国籍を離脱して中国に帰化し常に正義人道の大義を堅持し或は剿共に渾身の努力を払ひ或は誤れる日本軍閥主義の是正に心胆を砕き斯くて道義に基く真摯なる中日民族の提携を念願し居たる」（原文片仮名、句読点付与）と弁護している。

「従来終始一貫、孫中山先生並蒋大総統の偉大なる人格と業績に心服し来れる稀に見る愛中国者にして、小生の常に敬服して止まざる得難き人物なれば将来必ず中日両国の為大《おおい》に貢献し得る者なること」（同前）と石原の書簡は、伊達は中国のことを深く愛した人物だと続く。

石原には伊達もまた「真摯なる中日民族の提携」を願った東亜聯盟の同志であった。それがこうして処刑されるのが決まったのである。「驚愕」以外の何物でもあるまい。

しかし助命嘆願書もむなしく、伊達はこの年九月九日、上海監獄で処刑された。手紙が届いたとしても効果はなかったろう。

向井敏明も東亜聯盟の同志だった。昭和十八年一月に出した石原宛の書簡には、「印度独立戦線に身を以て突入致し度く存じます」と書かれている。それが大アジア主義である。こういう人物を処刑することは、中国国民党がアジア解放という大義など少しも考えてはいなかったなによりの証拠である。蒋介石も然りである。繆斌工作もただ自分の利益を守らんがための権謀術数の一つだった。都合が悪くなれば、いとも簡単に切り捨てるのだ。

ここまで虚仮《こけ》にされて、石原は蒋介石への贖罪意識を持ち続けただろうか。こういう意味からも石原は中国に裏切られたのだ。

彼の最大の盟友、板垣征四郎はA級戦犯として死刑を宣告された。訴因はむろん中国侵略である。彼の辞世は痛々しいとしかいいようがない。彼は死んでもなお東亜を守る気概でいるのだ。

　なつかしき唐国人よ今もなほ東亜のほかに東亜あるべき

辻が知った二・二八事件と台湾人

昭和二十三年にもなると、国民党は共産軍の前に徐々に劣勢になってきていた。辻の献策、国民党になかった満洲の兵要地誌作成などは結局役に立たなかった。後には反感を持って迎えられた。第三者的な冷徹な立場から、国民党の悪い部分を指摘するからである。献策は蒋主席には届いていないと彼は思った。国民党は腐りきっていると辻は判断した。国防部の中堅級には誰一人、真剣に作戦を準備するものはいないと。「中共と国民党が鎬を削つて戦つていることは中国の内政問題に過ぎない。滅び行くものは自ら墓穴を掘りつつあり、興るものは興るべき新進の鋭気があるからだ」。

折も折り、彼の下に北京に住むかつての東亜聯盟の中国人同志から手紙が来た。繆斌を通じて知り合った「張」という人物、おそらく華文『東亜聯盟』の関係者で、張君衡か張伯武である。「国民党は腐敗しており、東亜聯盟の同志は半分以上中共に入っている」という内容である。

経済政策の誤りで物価は抗日戦中よりも暴騰し、生活必需品を生産する農村は共産党の土地政策で支配下を離れ、地方の省は国民党政府の統制にそむくようになった。こういう形で中国はどんどん共産党の旗の下に結集し始めていた。辻の判断は共産党を養うものは国民党の腐敗分子だということである。「張」は帰国を勧めていた。

辻が辞表を出し、帰国の申請をしたのは昭和二十三年二月、認可されたのは四月末になっていた。南京を去り、上海で帰国船を待って乗船したのは五月十六日である。

上海で辻は台湾からの引揚日本人三百名と出会っている。そこで彼はかなりに詳しい台湾接収の模様と台湾人の失望と二・二八事件を知った。

「終戦直後、日本軍に代る堂々たる祖国の軍隊の進駐を夢に描いていたところ、土鍋提げ、草履を履いた餓狼のような兵隊を迎えて先ず失望し、次いで殺到した無数の官公吏に家屋を奪われ、財を掠められ、賄賂は公然行われ、裏付なき法幣は氾濫して、遂に反感となり抗争となり、死闘を演じたという」

「銃殺された数万の台湾人の血は、深い怨恨となつて本国人の上に流れた。中国の支配を離れ、日本と提携したいという空気も出て来た」

昭和十五年の暮から半年余り、辻はその東亜聯盟思想を東條英機に忌避されて台湾軍の研究部にいたことがある。そこで彼は満洲建国大学に在籍する李水清という台湾人青年と知り合った。彼は総督府の施政を批判し、中国に好意を寄せようとする台湾人のどこがいけないかと仲間を連れてきて辻に議論を吹っかけた。しかし彼もまた戦後は「中共シンパ」として捕えられ、牢獄に病体を横たえていると辻は書く（『亜細亜の共感』）。

では辻は中国人東亜聯盟同志が次々と入っているという共産党政権を支持していたのだろうか？思想的に彼が共産主義を支持するわけがない。共産党が支持を受けているのは、土地を農民に解放しているからだ。国民党の地盤は地主と結託しているからそれができない。共産党はそれができるが、それは「彼らはまだ地主になつていないからとも見られる」と鋭い観察を述べている。

共産党は政権を取り、土地を国有化して、社会主義を政策として押し進めた。しかし「大躍進」「文化大革命」の過程で、数千万にのぼる自国民を虐殺し、経済は停滞した。その反省から、改革開放政策の路線をとり、すると共産党は最大の地主と化し、現在のように腐敗を極めていったのだ。昭和二十五年の観察としては抜きん出ているといえるだろう。

辻は藍衣社の戴笠を評して清廉でありながらも、これほど多くの人を殺した者はいないと述べている。こういう戴笠の厳格な行動の指針は共産党の戦時中の規律指針とほぼ同じものだったと思われる。またそうしなければ国民党は共産党と対峙できなかったのだ。

戦時中の共産党＝八路軍の厳格な規律は小澤開作、折田貞重、友枝英一を始めとして、多くの日本人を驚嘆させていた（『石原莞爾と小澤開作』参照）。しかしそれはおそらく中国の昔から変わらぬ伝統によるものだったのだろう。そうした規律厳格な集団が政権を把握していくのだ。しかし青江舜二郎が見聞していたように、そういう廉潔さはおびただしい流血と背中合わせであった。折田が回想でいう「八路三大規律八項注意」というものも、結局は政権を取るための方便でしかないのだ。それは〈人倫〉というものに偽装した「命令」であった。これに違反すれば死が待つだけだから、守るしかないのだ。逆に彼らの眼から貪官汚吏とみなされたなら、遠慮会釈なくその場で銃殺してもよいのだ。そうした過酷な方針は藍衣社にもあったのだ。しかしそうした人物、団体としか手を結ぶしかなくなっていた東亜聯盟とは一体何なのだろう？

おそらく台湾人はそれまでの整然たる法秩序を乱されたがために国民党軍に反抗し、貪官汚吏の集団から虐殺されたのだ。貪官汚吏なら汚吏なりの秩序というものがある。結局力を持つ者が秩序を確立するのだ。辻はこうも書いている。

「三民主義理論は、ただ旗印に過ぎなかつた。孫文が革命未完で病に斃れ、その後を受けて蒋介石一門が古い軍閥を打倒したものの、結果は軍権と政権を一人で握り、それを背景に富の半ばをその一門で握つたままである」

台湾においても日本の残した膨大な資産をそうして接収したのだろう。

辻の乗った船は数日して青島に着いた。ここからも多くの日本人の引揚者が乗船した。ここでも過酷を極めた税関検査がある。禁制品に名を借りた合法的掠奪である。埠頭に撒き散らされた同胞の荷物の片付け、整理搬入を手助けしようと船から屈強の男たちが二十名ばかり下りていった。辻は感動した。船が離れようとするとき、岸壁の中国人警察官の間から不思議な日本語が聞こえた。

「皆さんお達者で、またお手紙下さい。支那の野郎には碌な奴はいませんよ。日本人がいいですよ……」

これは日本海軍に雇われていた台湾人青年であることが判った。終戦と共に中国側の警官になっていたという。何という皮肉と賛辞が引揚げ日本人に手向けられたものだろうか——。

中国の東亜聯盟運動粛清

しかし辻は惨憺たるこうした日中合作工作に失敗した後も、九年間の自分の中国体験として次のようにいう。

「中国人を観察して下す結論は、『中国人は『信義の世界』に生きる民族である』という一語に尽される。中国人は嘘をいふ人間であるかのやうに、誤って教へ込まれた私が、嘘を言はない中国人を数多く見出したことは、大きな驚異であつた。（中略）無論、全部の中国人を、嘘をつかない民族と、甘く見、高く評価するわけではないが、苟《いやしく》も一度信頼し合つた中国人の信義は固いものだ」（『亜細亜の共感』）

こういう辻の言は、多くの信頼できる中国人同志を持っていたからである。例えば彼が南京にいるという手紙を受け取った北京の王長春老人は、辻が戦犯で捕われたものと早合点し、私財を売って飛行機に乗り、旧友を助けようと南京までやってきた。繆斌もそうであろう。汪兆銘は彼の最も尊敬する偉人であった。石原莞爾亡き後の朝鮮戦争の最中に書いた『自衛中立』に彼はこういう。

「東亜聯盟の思想は、中国人の中にも深い共感を呼び起した。米国人が『主』の立場にあって『僕』を憐れむ態度でもなく、英国人が飴玉で群集を欺す術でもなく、ソ連人が鞭で群羊を駆る方便とも異つて、共に南京虫に食はれ、共に一椀の粥をすすり、亜細亜人の亜細亜を建設しようとする純情の青年が、先覚が、暁天の星のように光つていた」

そして、朝鮮で共産勢力と戦うアメリカが「真に亜細亜を永遠の友邦たらしめやうとするならば、大乗的見地に立つて新しく芽生えんとする中国の第三勢力に好意の援助を与へ、亜細亜を一貫する構想の上に民族運動を支援すべきである」と述べる。

この「中国の第三勢力」というのは、共産中国の成立後に生まれた反体制勢力である。これを辻は中国に残った東亜聯盟に共感する残党であると彼は自分の情報から判断している。今の言葉でいうなら、中国の真の近代化＝民主化勢力といってていいだろう。山口重次的言い方なら、草の根の自生的民主主義の層である。むろんこれはまだ小さな規模であり、これをアメリカは援助すべきだと辻はいうのだが、彼らは「新興の芽を未発に培つて、味方とする遠大な取引には極めて拙劣なるを免れない」と懐疑的である。

歴史は過酷である。辻は日本にやってきた中国人同志からの情報や香港の新聞から判断して、全国で血の粛清に遭った者が約三百万人あるということを『自衛中立』に述べている。これは二・二八事件とその後の恐怖の収容所群島となった台湾と質の上では同じ、量においてはそれを越える大惨事が中国大陸で遂行されていたのだということを意味する。こうして中共の中の東亜聯盟勢力は粛清の嵐の中で消え去ったのだ。

そして繆斌の墓は文革最中に叩き壊され、遺骨は跡形もなく粉砕された。これは彼が親日派というだけでなく、著述にあるように中華思想を相対化する視点を持っていたからである。

荘世和という台湾人がいる。昭和十七年に台湾から絵の勉強に東京にやってきた十九歳の青年である。東京での身元引受人がたまたま高木清寿だったことによって、彼は東亜聯盟運動に進んで入っていった。『東亜聯盟』誌にカットを描いたりもしている。

彼が帰国したのは昭和二十一年四月で、呉港から帰国する旨を石原莞爾に葉書で通知している。つまり彼は翌年の二・二八事件に遭遇している。そしてそれを生き延びた。しかしそのときの体験は彼に深刻な中国人不信をもたらしている。

帰国から二十八年後に彼は石原の弟、六郎に手紙を書いている。東京時代には、六郎とも仲良かったのだ。荘は六郎に『最終戦争論』を送って欲しいと頼んでいた。しかしそれは届かず、別便の「送った」という手紙だけは届いた。『最終戦争論』は没収されたのだ。「ちよいとされてほんとに彼等は不道徳です。元来のクセでせうから、文句も並べられません」と彼は六郎に中国人の悪口を述べた。

彼が手紙に添えた短歌には痛烈な悲しみと憤《いきどお》りが込められている。


ぼろぼろと落涙の痕拭き消しも憂ひし心のアジアのいのち

石原莞爾の戦争放棄の思想

ポツダム宣言には、日本国軍隊の無条件降伏を要求、武装解除、戦争犯罪人の処罰、軍事産業の復活の禁止などが謳われ、日本はこれを受諾して降伏した。

石原はこれを意識していたのだろう。敗戦の日の夕刻、酒田市郊外の黒森での東亜聯盟会員相手の講演で、敵の進駐以前に自ら進んで軍備を撤廃することを提言している。これには軍人勅諭に違反して政治に干与した罪を天下に謝する意味、平和条約をこちらに有利にするという彼の戦略があった。敵にされる前に進んで行い、「敵をして驚嘆せしむる」というのである。そうすれば「次代の軍備は今日の陸海空軍と全然異なれるものなること疑なく、一時の撤廃は却つて、再建設のため有利なり」。戦略というのは「敵」という言葉が使われていることからも了解できる。

そのほかに日本が世界第一の民主主義国なることを明らかにする、言論信仰の自由など、ポツダム宣言を意識したと思える提案をしているが、これが彼の晩年持していたといわれる戦争放棄の思想の最初のものであることを確認しておこう。「一時の撤廃」であり、「再建設」もあり得るのである。

自ら新生日本を建設する革新方策であり、まもなくやってくるＧＨＱやマッカーサー司令官に従属するような考えではなかったのである。しかし彼の期待した東久邇内閣も占領軍の安全な進駐を果しただけで退任したというのが実情で、敗戦日本の再建は石原の最初の意向とは逆にアメリカ軍を中心にした占領軍に都合よい形で実行に移されたのである。

そのために逆に日本がアメリカから民主主義を教えられた、思想信仰の自由を与えられたという戦後史がうなずかれる次第となっている。もちろん敗戦日本に何の自由もなく、占領軍の意向のままに政治、外交、経済政策を推し進めなくてはならなかったのだから、日本側の抵抗にも限界があった。むろんだからこそ、石原は「迅速に先んじて」といったのだ。

昭和二十年九月の山形県新庄市の大会では石原の講演に三万人もの人が集まった。十一月には九州遊説に石原は出かけている。十一月二十三日の石原日記に「浅原来ル」とあるが、東條暗殺未遂事件関与で収監され、釈放されて故郷九州に帰っていた浅原健三が訪ねてきたのである。二十八日には別府の浅原宅に「滞在」した。このとき石原は浅原に東亜聯盟を指導してもらえないかと相談している。自分の病体を勘案してのことだろうが、浅原は人材の不足という理由で断った（新井克輔談）。政治家の彼には情勢の不利が見えていたのだろう。翌年一月、占領軍当局によって東亜聯盟は解散の命令を受けた。結果的に石原は「先んじる」ことはできなかったのだ。

この年十一月に日本国憲法が公布され、翌年五月に施行される。ここにいわゆる「戦争放棄」の条文がある。石原はこうした推移を一応言葉の上で肯定して受け取っている。昭和二十年十月に書いたとされる「戦争放棄の真意義」には、「今や世界統一の前夜に入り、戦争の絶滅する次の時代が来るのである。たとひ中途半端な軍備を持ったところで何の役にも立つものではない。我等は心の底から戦争放棄の深甚微妙な真意義に目覚め、身に寸鉄を帯びずしてただ正義に基づき国を立て、全世界に対してその進むべき新しき道を示さうとする大覚悟と大抱負に生きねばならぬ」とある。この考えの延長上に位置づけることが可能だからだ。

これは最終戦争史観によるもので、彼の考える最終戦争は東亜聯盟とアメリカとの間に行われるという前提が完全に崩れたという認識を背景にしている。（この認識を後年彼はマッカーサーに手紙で提出している）。荒廃した国土や経済の現状から、最終戦争に勝てるような膨大な武力と経済力を日本はもう持てないとの認識が、「中途半端な軍備」という言い方になるのだ。つまり最終戦争という事態が切迫するのは間違いがないけれども、それを避けるために積極的な「戦争放棄」の態度に徹して生きていかねばならないと説くのである。

日本国憲法ができる前から石原は戦争放棄を唱えていた。それは卓見かもしれない。有名なトーキーフィルム（昭和二十三年十一月二十四日）で、「日本は蹂躙されても構わないから、我々は絶対に戦争放棄に徹して生きていくべきです。ちょうど聖日蓮が龍ノ口に向っていくあの態度、キリストが十字架を負っていくときの態度を我々は国家として取る」と述べている。そしてまたこの四つの島で八千万は充分に食っていけると述べ、西洋近代的でなく、「都市解体、農工一体、簡素生活」という三大指針を持ってやっていく、アイケルバーガー少将のいう日米同盟などということも許さないとまでいう。

現実の問題として、石原が死んだ翌年六月には朝鮮戦争が始まり、日本列島は国連軍の後方兵站基地として機能した。石原は戦後のアメリカとソ連をそれぞれ中心にした自由主義陣営と共産主義陣営の対立が始まった兆候を深く認識していた。日本人をそういう米ソ戦争＝第三次世界大戦の犠牲にさせないといいたかったのだろう。どんな不利な情況になっても、彼はどこまでも主体性を持って思考していこうとしたのだ。

しかし生きているならば、朝鮮戦争の事態に頬かむりしていてよいと思っただろうか？　アメリカ軍の本格的介入がなければ朝鮮半島は共産化されていた可能性が高い。

これはある意味で、日本の朝鮮統治の正当性が確認された事態なのである。また二・二八事件もまた日本の台湾統治の正当性が認識された事態である。ポツダム宣言の前提が崩れたのだ。ほぼ同時に日米同盟が成立する。この三つと共産中国の国家成立を石原は知らずに生を終えた。

生きていれば、朝鮮戦争が起きたとき、終戦の日に同志に語った軍事力の「再建設」を唱えたのではないだろうか。というのも彼は人に先んじる戦略家だったからだ。進駐軍よりも、憲法よりも先に軍備を撤廃しようとしたのが彼である。人よりも先に再軍備を唱える可能性があったかもしれないではないか。

高木清寿（曺寧柱）は、自分なら武装解除などというあほなことはしない、東亜の安定勢力として日本軍を温存するとトルーマンを批判するのを聞いているではないか。

朝鮮戦争が始まる四ヶ月前、中ソ友好同盟相互援助条約が結ばれたが、日本とその関係国（つまりはアメリカ）を敵視した内容となっている。辻政信はこの朝鮮戦争最中に書いた『自衛中立』で、「武装を解除され戦争を放棄した日本を中ソ両国の共同の敵と認めた事は、裏から覗くと中ソ両国が日本の再武装を認めた事になる」と鋭い指摘をしている。

辻と親しかった服部卓四郎も先に引用したあの回想文でいう。部下として石原の下で勤務した経験である。

「ある仕事を命ぜられて数日間その作業をやり案をもつて行くと、もう石原さんの考が変つていて、またやり直さなければいけないような場合であつた。このように将軍は寝ても覚めてもあることを考え、その考は常に柔軟性をもつて飛躍するので、われわれ鈍物はなかなか追随出来ないのである」

そういう体験から、服部は石原が生きていれば再軍備論に変わっているのではないかと想像している。

むろんそれは最終戦争のための再軍備でなく、日本の国防のための再軍備である。米軍の補完組織などでなく、自分の国は自分で守るという独立国家としての自立した精神と気概を持った軍隊である。「中途半端な軍備」でなく、最低限必要な自衛のための軍備である。

日蓮にもキリストにもなれない者が戦争放棄の精神を持って世界と対峙していくというのは、最終戦争論を持す石原だからこそいえることで、実際には利害を共有するもの同士の連帯が必要なのだ。

それを彼は蒋介石や半島の朝鮮人を念頭においていた（＝東亜聯盟）。しかしそれは辻政信が散々に中国で思い知らされたように、台湾で二・二八事件が起きたように、半島で数百万の戦死者が出たように現実から考えられることではなかった。東亜聯盟構想は瓦解したのだ。あの稲葉正三でさえ、「石原将軍が死んだ時点で東亜聯盟運動は終った」と考えている。石原に会いに帰国した彼の目には、解散命令を受けた東亜聯盟はほとんど呼吸を止めていたと映った。「われらの世界観」も「最終戦争論」も過去のもののようだったという。

戦争放棄を国家として提起するとしても、その前提には戦争の起きる原因である資源が偏在することによる資源の争奪という事態が避けられなければいけないはずだ。独立戦争や帝国主義戦争もそれが原因で起きたという深刻な認識を石原は持っていた。対支二十一ヵ条の要求もそこが問題だと理解していた。そこで彼は原子力に注目する。「人類はやがて原子力の精密利用、即ち原子力を必要な時に必要な形で必要なだけ利用することに成功するであらうし、さうなれば人類の欲する物資は無限に生産され、どの国も戦争に訴へてまで領土や特定の資源を獲得しやうとする欲を捨てるに至るであらう」（『戦争放棄の真意義』）と。

しかし二十一世紀の今日、原子力のいわゆる平和利用がどのように進展するかは明らかでないけれども、ウランも含めた資源を豊富に持っている国が多い開発途上国が近代化、文明化を求めていくことは必然である。その争奪戦も問題となろうし、結局は平和的な商取引が成り立つかどうかである。その過程で資源運搬＝シーレーンも含め、軍事力が行使、あるいは警戒手段として必要であろう。

ウランも石油も鉄も不幸なことながら、どこにでもあるわけではない。もっと不幸なことは日本には全部ない。国家として国を運営し、それを守るための国防力まで彼は否定したであろうか？　超小型テロ核兵器が取沙汰される今日、石原の原子力理解は現在から見れば単純すぎる。

石原は日本の将来像を見据えて、北海道から九州まで一日で汽車の旅ができる。各家庭に一台自動車が配給される、電信電話の普及、飛行機の旅も誰でも可能になるという、今では全国民が実感していることを当時に指摘していた。卓見である。新幹線を実現した推進者は石原系の十河信二とその参謀、浅原健三であった。しかしそれは実際には世界中から資源をほぼ全部輸入して始めて可能なことであった。世界の安全が前提なのだ。それを安全にしておく方法を他国任せにしてよいのだろうか？

戦後の石原日記に、赤茶けた新聞記事の小さな切抜きが挟まれている。石原が挟み込んだのかもどの新聞かも日付も判らないが、日本海に海底油田が発見という記事である。最低限彼も石油が自給できる体制が作れないかと思っていたことは確かだろう。しかしそれはむなしい期待だった。

出光興産の出光佐三が日章丸を使ってイランから石油を満載して日本に戻ってきたのは石原死後の昭和二十八年である。石油国有化でイランと紛争を起こしていたイギリスは出光を裁判に訴えるという行為に出たが、出光はこれに勝訴する。彼にとっては国益をかけた行動であった。イランと日本の関係の緊密化にも寄与した。これをきっかけに、中東からの石油輸入が始まる。これは日本の戦後復興の開始とも重なっている。

都市解体、農工一体、簡素生活

「都市解体、農工一体、簡素生活」という東亜聯盟の三原則は戦時中からいわれていたもので、国防的見地からの提唱であった。空襲を受ける都市を解体し、農村に工業施設を移設し、食糧は各家庭で自給し、最終戦争に備えて質実剛健な生活をするというものである。

石原の四つの島で充分に食っていけるという言い方は、もともとは東亜聯盟の農政指針とした農政学者、池本喜三夫の考え方から来ている。池本は人口過剰と耕地の不足という慢性的な日本農業の欠点がこれまで日本農民の生活向上を妨げていた、しかし「満洲国の誕生によつて人口少く土地多き時代が始」まり、日本農民は大きく躍進する機会を得たと説く（『池本農業政策大観』）。つまり規模拡大が池本農政の最大眼目なのである。池本は「山地征服論」という言い方もする。利用できる土地はすべて利用するというのが池本農業理論である。昭和十二年一月、彼は津田真吾率いる鐘紡の農務課の責任者となった。鐘紡は内地はもちろん、満洲、内蒙古、北支に広大な土地を所有し、東亜の農業を発展させようとしていた。これには石原もかんでいる。これが前提の「都市解体、農工一体、簡素生活」なのである。

しかし四つの島で八千万の日本人が暮らしていかねばならなくなったときも、同じスローガンをいう意味はどこにあるのか？　なにしろ規模を縮小しなければいけなくなったのだ。しかしそれもやはり国防的見地からである。第三次世界大戦＝最終戦争に勝ち残るための戦略なのである。石原門下生の辻や田村真作の『自衛中立』、『三十六時間戦争』などを読めば、米ソ間の第三次世界大戦の彼らの切迫感はリアルである。なるほど当時はこれみよがしの原水爆実験が盛んに行なわれていた。山口重次の考えを紹介する。

「石原将軍の予言に依れば（以下は解釈）米ソの間に、決戦戦争原爆戦争が行わるれば、両雄共に倒れ、中国はソ連から、日本及び亜細亜は英米から、亜細亜全体が解放されて、真に復興建設資源の開発に自主、自由の活躍が興る」（『共通の広場』より）

しかし実際は米ソ間の冷戦は最終戦争＝決戦戦争でなく、持久戦争でアメリカの勝利に終わった。最終戦争は起こらなかったのである。そして今日、世界の大きな勢力となって台頭してきたイスラム世界も石原の思考には入っていなかった。冷戦崩壊は民族紛争の激化をもたらした。国家聯合ブロック体制化には向わなかった。その意味では石原の最終戦争史観は間違いだったといえるだろう。しかし核の恐怖が最終戦争を推し止めるということでは石原の未来予測は現在のところではやはり当っている。ＥＵの統合状況も希望を持たせる。

あるいはまた、「都市解体、農工一体、簡素生活」の三原則は、二十一世紀の今日の地球温暖化という史上かつてなかった世界規模の危機的状況の中で、生き方の指針として改めて考えさせるものを持っていると思う。江戸時代の三百年近く、三千万人の日本人が資源もない四つの島で平和に暮らしていた時代の智慧を今日に生かそう、そうして生きてきたＤＮＡを我々は持っている、それを科学的に再活用しようというのも石原の提言であったのだ。日本人は創意工夫の達人であると彼は知悉していたのである。

例えば作るのに何ヶ月もかかる普通の堆肥より、数日でできあがる柴田欣志の発明になる酵素肥料、四国の篤農家である木村嘉久郎の案出した「栄養周期適期施肥」法などは石原が推奨してやまない農法だった。西勝造の創始した健康法である西医学もまたそうである。地球温暖化という状況は世界各国が地球資源を競って消費、蕩尽する時代である。そういう考え方をすれば、自ずと戦争放棄という理念から意味されるものが理解できよう。江戸時代、我々には武力といえる武力は存在していなかったのである――。

そうしてなお、石原的東亜聯盟が可能かという近未来を見つめるならば、日本、台湾、南朝鮮（韓国）、フィリピン、タイ、シンガポール、インドネシアというような民主化された海洋国家群を前提として構想するしかあるまい。特に台湾は二・二八事件の頃、日本と手を結ぼうという声があったと辻政信は証言する。当然これをアメリカに理解させていくのである。中国はその真の民主化、あるいは中華思想の放棄ができなければ、むろん東亜聯盟の敵対勢力である。

辻政信は中国において東亜聯盟思想は多くの中国人の共感を呼んだという。それは彼も中国人に共感したからだ。感動があったからだ。それは石原莞爾、板垣征四郎、山口重次、小澤開作、稲葉正三、田村真作、浅原健三らそれぞれにある。これが東亜聯盟運動の原動力だった。しかしそれは国法よりも私的交際を優先させるという「家規高於国規」ではなかろうか。国家自体が奇形的だから、私的な交際に感動が生れるのだ。小澤は、中国では「人と人との関係がすべて」と言い残している。

そしてこの「家規」を国家の意志に反映させ、国の政治に生かす仕組みを作ろうという中国歴史上になかった大それた破天荒の構想を考え、これを実現しようとして協和会を作った石原や山口、小澤らの思想と行動は後々まで語り続けられるべきであろう。

参考文献

◎石原莞爾個人に関する参考文献

石原莞爾個人に関する文献に関しては、すでに多くの伝記や評伝、小説などが出ており、私としてもそのすべてに目を通したという自信はない。ここでいう石原個人に関する参考文献とは、純粋資料はもちろんだが、特に石原個人と関係のあった人による伝記、あるいはその方々によって編集された文献ということに限定したものである。

『石原莞爾全集』全八巻　石原莞爾全集刊行会　昭和五十一年
『石原莞爾選集』全十巻　たまいらぼ　昭和六十〜六十一年
『石原莞爾資料　戦争史論』原書房　昭和四十三年
『石原莞爾資料　国防論策（増補版）』原書房　昭和四十六年
『東亜聯盟　復刻版』全十七巻　柏書房　一九九六年
『石原莞爾』西郷鋼作　橘書店　昭和十二年
『石原莞爾研究』　精華会編　昭和二十七年
『共通の広場　石原莞爾特集号』　独立評論社　昭和二十八年
『東亜の父　石原莞爾』高木清寿　昭和二十九年　錦文書院
『増補・悲劇の将軍　石原莞爾』山口重次　大湊書房　昭和五十年
『秘録　石原莞爾』横山臣平　芙蓉書房　昭和四十六年

『師団長　石原莞爾』奥田鑛一郎　芙蓉書房　昭和五十九年
『石原莞爾』青江舜二郎　中公文庫　一九九二年
『将軍石原莞爾　その人と信仰に触れて』白土菊枝　丸ノ内出版　一九九五年
『永久平和の使徒　石原莞爾』武田邦太郎・菅原一彪編　冬青社　一九九六年
『東亜聯盟期の石原莞爾資料』野村乙二朗編　同成社　二〇〇七年

◎第一章　石原莞爾と内田良平

『東亜先覚志士記傳』（上・中・下）黒龍会編　原書房　昭和四十一年
『日韓合邦秘史』（上・下）黒龍会編　原書房　昭和四十一年
『日支交渉外史』（上・下）黒龍会出版部　昭和十三年
『国士内田良平伝』黒龍倶楽部編　原書房　昭和四十二年
『国士内田良平――その思想と行動』内田良平研究会編　展転社　平成十五年
『内田良平関係文書』（全十一巻）芙蓉書房出版　一九九四年
『森恪』（上・下）山浦貫一　高山書院　昭和十八年
『反逆の獅子　浅原健三の生涯』桐山桂一　角川書店　平成十五年
『国際聯盟理事会並に総会に於ける日支紛争の議事経過詳録　四』国際聯盟事務局東京支局編纂
『新しい東アジア像の研究』中村義編　三省堂　一九九五年
『平和はいかに失われたか』ジョン・マクマリー　原書房　一九九七年
『川島浪速翁』会田勉　文粋閣　昭和十一年
『一生之回憶』曹如霖　曹如霖回想録刊行会　昭和四十二年
『外交六十年』芳澤謙吉　自由アジア社　昭和三十三年
『禁城の嘉光　満洲国皇帝陛下御生立記』レジナルド・ジョンストン　関東玄洋社　昭和九年
『満蒙行政瑣談』金井章次　創元社　昭和十八年

『金井章次博士著作集』　高原大学出版部　平成三年
『もうひとつの南京事件』田中秀雄編　芙蓉書房出版　二〇〇六年
『大東亜の建設者　王永江』田島富穂　満洲公論社　康徳十一年
『赤い夕陽の満州野が原に　鬼才河本大作の生涯』相良俊輔　昭和五十三年
『満洲問題の実相』長野朗　支那問題研究所版　昭和三年
『闘魂風雪七十年』里見岸雄　錦正社　昭和四十年
『外交秘録　満洲と日露戦争』大竹博吉訳纂　ナウカ社　昭和八年
『影山正治全集』第三巻　影山正治全集刊行委員会　平成元年
『私の昭和史』和田耕作　新世紀出版社　昭和三十九年
『ある革命家の回想』川合貞吉　新人物往来社　昭和四十八年
『志士牛島辰熊伝』志士牛島辰熊伝刊行会　昭和四十九年
『北一輝著作集第二巻』　みすず書房　昭和三十四年
『謎の隣邦』神田正雄　海外社　昭和三年
『原敬日記』全十巻　乾元社　昭和二十五年
『朝鮮独立騒擾史論』青柳綱太郎　朝鮮研究会　大正十年
『新朝鮮成業銘鑑』青柳綱太郎編　朝鮮研究会　大正六年
『朝鮮統治の回顧と批判』朝鮮新聞社　昭和十一年
『齋藤総督の文化統治』友邦協会編　昭和四十五年
『私説　折口信夫』池田弥三郎　中公新書　昭和四十七年
『日韓２０００年の真実』名越二荒之助　国際企画　平成九年
「朝鮮の同胞と日本国体」里見岸雄　『社会と国体』昭和十一年三月号
「東亜連盟論における朝鮮問題認識――東亜連盟運動と朝鮮・朝鮮人（1）」松田利彦　『世界人権問題研究センター研究紀要』第一号　一九九六年
「植民地末期朝鮮におけるある転向者の運動――姜永錫と日本国体学・東亜連盟運動」松田利彦　『人文学報（京

都大学人文科学研究所)』第七九号　一九九七年
「曺寧柱と京都における東亜連盟運動――東亜連盟運動と朝鮮・朝鮮人（2）」松田利彦　『世界人権問題研究センター研究紀要』第三号　一九九八年
「石原将軍の思出」曺寧柱　『真世界』昭和二十七年八月号、十月号
「私はこうして日蓮主義者になった」曺寧柱　『真世界』昭和五十六年十月号
『論集　朝鮮近現代史』河合和男・飛田雄一・水野直樹・宮嶋博史編　明石書店　一九九六年
『独立指導者　朴烈』　新朝鮮建設同盟宣伝部　昭和二十一年
『朴烈　謎の大逆事件』金一勉　合同出版　一九七三年
『民団　在日韓国人の民族運動』鄭哲　洋々社　一九六七年
『抗日言論闘争史』高峻石　新泉社　昭和五十一年
『愛と民族　ある韓国人の提言』任文桓　同成社　一九七五年
『愛する大陸よ　詩人金竜済研究』大村益夫　大和書房　一九九二年
『海を越え山を越え』文鶴東　韓国ソウル　一九九二年
『朝鮮紀行』イザベラ・バード　講談社学術文庫　一九九八年
『至誠、天を動かす　安昌浩の思想と生涯』李光朱　現代書林　一九九一年
『昭和写真・全仕事7』三木淳　朝日新聞　一九八二年
「石原将軍とライカ」三木淳　『山形新聞』昭和六十三年九月五日
『朝鮮農村物語』重松髜修　中央公論社　昭和十六年
「神戸大学図書館　デジタルアーカイブ」

◎第二章　石原莞爾とエリザベス・シュンペーター

『The Industrialization of Japan & Manchukou』The Macmillan Company 一九四〇年
『日満産業構造論第一巻』E・シュンペーター編著　慶應書房　昭和十七年

『日満産業構造論第二巻』E・シュンペーター編著　東京栗田書店　昭和十八年
『シュンペーター的思考』塩野谷祐一　東洋経済新報社　一九九五年
『シュンペーター』伊東光晴・根井雅弘　岩波新書　一九九三年
『資本主義・社会主義・民主主義』（上・中・下）中山伊知郎・東畑精一訳　東洋経済新報社　一九五一年
『中国回想録』J・K・フェアバンク　みすず書房　一九九四年
『中国と私』ラティモア　磯野富士子編・訳　みすず書房　一九九二年
『「日本株式会社を創った男」宮崎正義の生涯』小林英夫　小学館　一九九五年
『超官僚』小林英夫　徳間書店　一九九五年
『東亜聯盟論』宮崎正義　改造社　昭和十三年
『非常時と日本の国防』石原莞爾講演　山口戌吉編　昭和十年
『挫折した理想国』片倉衷・古海忠之　現代ブック社　昭和四十二年
『見果てぬ夢』星野直樹　ダイヤモンド社　昭和三十八年
『アメリカ現代史　改革の時代』R・ホーフスタッター著　みすず書房　昭和四十二年
『大恐慌とニューディール　ドキュメント現代史5』新川健三郎編　平凡社　一九七三年
『アメリカ自由主義とニューディール』安藤次男　法律文化社　一九九〇年
『真珠湾の審判』ロバート・シオボールト　講談社　昭和二十九年

◎第三章　石原莞爾と佐藤鉄太郎

『帝国国防史論』佐藤鐵太郎　水交社　明治四十一年
『わが日蓮主義』佐藤鐵太郎　東亜堂　大正六年
『佐藤鐵太郎海軍中将伝』石川泰志　原書房　二〇〇〇年
『外交秘録　満洲と日露戦争』大竹博吉訳纂　昭和八年
『英米の対日陰謀』石丸藤太　非凡閣　昭和十四年

『米英東亜侵略史』大川周明　第一書房　昭和十七年
『小日本主義　石橋湛山外交論集』増田弘編　草思社　一九八四年
『小日本主義はリアリズムであったか』文入務　本の風景社　二〇〇二年
『満鮮産業の印象』石橋湛山　東洋経済新報社　昭和十六年
『近代日本の日蓮主義運動』大谷栄一　法蔵館　二〇〇一年
『ナポレオン』（上・下）長塚隆二　読売新聞社　昭和六十一年
『戦略的思考とは何か』岡崎久彦　中公新書　昭和五十八年
『鈴木貫太郎自伝』鈴木貫太郎　日本図書センター　一九九七年
『アメリカの戦争』田久保忠衛　恒文社　二〇〇三年
『戦術学要綱』国防研究会編　聖紀書房　昭和十八年
『支那戦争史概論』田中久　新正堂　昭和十九年
『ある軍人の自伝』佐々木到一　普通社　昭和三十八年

◎**第四章　石原莞爾と田中智学**

『化城の昭和史』（上・下）寺内大吉　毎日新聞社　一九八八年
『二・二六事件秘録』林茂他編　小学館　昭和四十六年
『法華経は国運を左右する』寺内大吉・玉井日禮　たまいらぼ　一九九四年
『田中智学自伝』全十巻　田中智学　真世界社　昭和五十一年
『日蓮主義新講座』全十巻　獅子王文庫　昭和九年～十年
『闘魂風雪七十年』里見岸雄　錦正社　昭和四十年
『日本政治の国体的構造』里見岸雄　日本評論社　昭和十四年
『中外日報』龍門寺文蔵論文　平成八年十二月十九日号、二十八日号、平成九年七月十日号、十二日号、十七日号
『私と満州国』武藤富男　文藝春秋　一九八八年

『愛新覚羅浩の生涯』渡辺みどり　文春文庫　一九九六年
『平和はいかに失われたか』ジョン・マクマリー　原書房　一九九七年
『一人一殺』小沼正　読売新聞社　昭和四十九年
『炎の求道者　井上日召獄中日記』(上・下)井上日召　毎日新聞　昭和五十三年
『超国家主義　現代日本思想体系31』橋川文三編　筑摩書房　昭和三十九年
『軍務局長　武藤章回想録』武藤章　芙蓉書房　昭和五十六年

◎第五章　石原莞爾と市川房枝

『女と男の時空〔日本女性史再考〕第五巻　鬩ぎ合う女と男―近代』藤原書店　一九九五年
「〈満州国〉と女性」川崎賢子　『機』六二号　一九九六年七月八日　藤原書店
『満洲人の少女』小泉菊枝　月刊満洲社　昭和十三年
『満洲人の少女』(下)小泉菊枝　まこと会　平成七年
『女性史開顕』小泉菊枝　まこと会　平成六年
『市川房枝自伝　戦前編』市川房枝　新宿書房　昭和四十九年
『高群逸枝』鹿野政直　堀場清子　朝日選書　昭和五十二年
『和田勁将軍とその回想録』和田勁伝刊行委員会　昭和五十五年

◎第六章　石原莞爾とマッカーサー

『天皇及三笠宮問題』里見岸雄　錦正社　昭和三十五年
「石原莞爾さんの思出」服部卓四郎　『流れ』昭和三十二年二・三月号
『潜行三千里』辻政信　毎日新聞　昭和二十五年
『亜細亜の共感』辻政信　亜東書房　昭和二十五年

『自衛中立』辻政信　亜東書房　昭和二十七年
『東條内閣総理大臣機密記録』伊藤隆他編　東京大学出版会　一九九〇年
『繆斌工作』田村真作　三栄出版　昭和二十八年
『「繆斌工作」成ラズ』横山銕三　展転社　平成四年
『重光葵手記』伊藤隆・渡邊行男編　中央公論社　昭和六十一年
『中国の命運』蒋介石　日本評論社　昭和二十一年
『周仏海日記』周仏海　みすず書房　一九九二年
『我が闘争』周仏海　東亜公論社　昭和十五年
『戦略大東亜戦争』佐藤晃　戦誌刊行会　平成八年
『扶桑七十年の夢』蒋君輝　紀伊國屋書店　昭和四十九年
「蒋君輝ものがたり」椋木瑳磨太『大川周明顕彰会報』平成十一年十二月一日
『大川周明の大アジア主義』関岡英之　講談社　二〇〇七年
『秘録　伊達順之助』都築七郎　番町書房　昭和四十七年
『平和の発見』花山信勝　朝日新聞　昭和二十四年
『わが東条英機暗殺計画』津野田忠重　徳間文庫　一九九八年
『ニッポン日記』マーク・ゲイン　ちくま学芸文庫　一九九八年
『池本農業政策大観』武田邦太郎　アジア青年社　昭和十七年
『東亜聯盟農法』外山卯三郎　東亜聯盟同志会　昭和二十年
『三十六時間戦争』田村真作　亜東書房　昭和二十六年
『石原先生から蒋・何・胡三氏に宛てた手紙の由来』稲葉正三　昭和四十五年

※なお本文中に引用した資料には、国立国会図書館、東京大学社会科学研究所、鶴岡市立図書館、防衛研究所、国柱会本部、日本国体学会などに所蔵されているものも入っていることをお断りしておきたい。

初出一覧

第一章　石原莞爾と内田良平
『立正』平成十四年一月号～十一月号断続連載を改題改稿

第二章　石原莞爾とエリザベス・シュンペーター
『立正』平成十六年一月号～三月号連載を改稿

第三章　石原莞爾と佐藤鉄太郎
『立正』平成十五年五月号～六月号を改稿

第四章　石原莞爾と田中智学
『戦後の田中智学論を糾す』(展転社刊）所収の「化城の昭和史」を改題改稿、転載

第五章　石原莞爾と市川房枝
『永久平和』第四十二号（一九九七年四月二十九日発行）所収の「ある小泉菊枝論をめぐって」を改題改稿

第六章　石原莞爾とマッカーサー
書き下ろし

著者略歴

田中 秀雄　（たなか ひでお）

1952年福岡県生まれ。慶應義塾大学文学部卒。日本近現代史研究家。東亜連盟の流れをくむ石原莞爾平和思想研究会をはじめ、軍事史学会、戦略研究学会等の会員。著書に『映画に見る東アジアの近代』（芙蓉書房出版）『国士・内田良平』（共著、展転社）、編著に『もうひとつの南京事件』（芙蓉書房出版）、共訳書に『暗黒大陸中国の真実』『アメリカはアジアに介入するな！』（芙蓉書房出版）がある。

石原莞爾《いしはらかんじ》の時代《じだい》
——時代精神の体現者たち——

2008年6月25日　第1刷発行

著　者
田中《たなか》　秀雄《ひでお》

発行所
㈱芙蓉書房出版
（代表 平澤公裕）
〒113-0033東京都文京区本郷3-3-13
TEL 03-3813-4466　FAX 03-3813-4615
http://www.fuyoshobo.co.jp

印刷／協友社　製本／協栄製本

ISBN978-4-8295-0424-6